ANGELA WAIDMANN

Pferdeliebe & Reiterglück

ALLES ÜBER REITEN, PFERDE UND PFLEGE

Ravensburger Buchverlag

Inhaltsverzeichnis

Das Pferd – dein Freund

Ich möchte dein Freund sein – Der Traum vom Reiten *8*

Wir beide sind gleich – oder nicht? – Wie Pferde denken und fühlen *10*

Verstehst du mich? – Pferdesprache leicht gemacht *12*

Ich sehe was, was du nicht siehst – Wie Pferde die Welt wahrnehmen *14*

Richtige Familientiere – Wie wilde Pferde leben *16*

Jetzt bist du der Chef – Wie dein Pferd dir gern gehorcht *18*

Pferde-Experte

Bunte Vielfalt – Pferdetypen und Pferderassen *20*

Gewusst, wie! – So reitest du dein Pferd richtig *22*

Vierbeinig unterwegs – Die wichtigsten Gangarten der Pferde *24*

Die bunte Welt der Pferde – Farben und Abzeichen *26*

Jungen Hüpfer und weise Greise – Der Lebenszyklus der Pferde *28*

Unglaublich, aber wahr! – Die Superleistungen von Pferden auf der ganzen Welt *30*

Ausrüstung und Pflege

Eine gute „Führungsperson" – Pferde richtig aufhalftern, führen und anbinden *32*

Sauber machen – Pferde putzen für Profis *34*

Sicher und bequem – Der Sattel *36*

Ohne Worte – Die Trense *38*

Trautes Heim – Wie du eine Pferdebox in Ordnung hältst *40*

Hier ist gut Pferd sein – Im Auslauf und auf der Weide *42*

Vielfraße und Energiebomben – Wie man Pferde richtig füttert *44*

Der Tierarzt muss kommen – Wie du erkennst, dass dein Pferd krank ist *46*

Zeigt her eure Hufe – Wie ein Hufschmied arbeitet *48*

Auf dem Pferderücken

Zu deiner Sicherheit – Warum eine gute Ausrüstung so wichtig ist *50*

Der richtige Sitz – Deine erste Reitstunde an der Longe *52*

Akrobatik auf dem Pferd – Das Voltigieren *54*

Jetzt geht es richtig los – Deine erste Reitstunde *56*

Mit Freundlichkeit ans Ziel – So versteht dich dein Pferd *58*

Zuerst einmal zurechtfinden – Reitplatz, Reithalle und die ersten Kommandos *60*

Gymnastik für dein Pferd – Die Hufschlag-Figuren *62*

Raus ins Abenteuer – Dein erster geführter Ausritt *64*

Angsthasen und Löwenherzen – Umgang mit Frust und Angst *66*

Kein Anfänger mehr – Die Reitabzeichen *68*

Ein Riesenspaß zu Pferd – Die Reiterspiele *70*

Der Höhepunkt des Reiterjahres – Das Hoffest *72*

Der große Reitstall-Check – Wie du eine gute Reitschule findest *74*

Fest im Sattel

Mit Geduld, Liebe und Leckerli – Die Bodenarbeit *76*

Im Galopp über Stock und Stein – Richtig ausreiten *78*

Pferde, Siege, Ehrenpreise – Reitturniere *80*

Nur Fliegen ist schöner – Gangpferde reiten *82*

Reiten wie die Cowboys – Das Westernreiten *84*

Anders als erwartet – Der Traum vom eigenen Pferd *86*

Worterklärungen *88*

Register *90*

Ich möchte dein Freund sein
Der Traum vom Reiten

Du magst Pferde? Das ist wunderbar! Pferde sind nämlich tolle Tiere.
Für viele Kinder ist Reiten der schönste Sport der Welt.
Denn Pferde haben Kinder von Herzen gern …

Ein ganz liebes Reitschulpferd

Reitschulpferde wie Vingador sind sehr erfahren. Schon ganz junge Kinder lernen auf Vingador das Reiten. Er passt stets gut auf den Reiter auf seinem Rücken auf und bleibt sofort stehen, wenn jemand ins Rutschen kommt. Ganz selten fällt ein Kind trotzdem herunter. Dann ist Vingador traurig.

Eine uralte Liebesgeschichte

Schon vor über 3000 Jahren hat ein ägyptischer König, Pharao Ramses II., ein Gedicht über seine Pferde geschrieben. Weil sie ihm im Krieg das Leben gerettet hatten, versprach er ihnen: „Ich werde euch persönlich füttern, jeden Tag, wenn ich in meinem Palast bin. Denn ihr seid sogar in der Gefahr bei mir geblieben. Ihr habt mir geholfen!"

Vingador liebt Kinder über alles.

Unser Traum vom Reiten

Das Pferd ist der beste Freund des Menschen.

Eine lange Freundschaft

Mensch und Pferd sind schon sehr lange Freunde. Vor etwa 5000 Jahren haben unsere Vorfahren zum ersten Mal Pferde gezähmt. Auf dem Rücken ihrer neuen Freunde waren sie so schnell wie der Wind. Dafür waren sie ihnen sehr dankbar: Kein anderes Tier wurde durch alle Zeiten hindurch so hoch geachtet und so sehr geliebt wie das Pferd.

Ich lerne reiten ...

... weil ich das unbedingt will. Und weil ich Pferde mag. Und weil Traben so schön ist. (Josefine, 4 Jahre)

... weil ich Pferde so gern habe! (Maria, 5 Jahre)

... weil es mir solchen Spaß macht und weil ich später Hindernisse springen möchte. (Sophie, 6 Jahre)

... weil Reiten so toll ist und weil meine Mutter und meine Schwester auch reiten können. (Lisa-Marie, 7 Jahre)

Kristina ist eine tolle Reitlehrerin.

Der Reitunterricht

Beim Reitunterricht hört das Reitschulpferd den Reitlehrerinnen aufmerksam zu und gehorcht brav ihren Kommandos. Zur Belohnung bekommen die Pferde nach jeder Reitstunde ein Leckerli.
Für Reitschüler ist eine Reitstunde ziemlich anstrengend, denn Reiten ist ein richtiger Sport, für den du Kraft und Kondition brauchst. In der Reitstunde lernst du, wie du dich intensiv auf dein Pferd konzentrierst und es verstehst.

Wir beide sind gleich – oder nicht?
Wie Pferde denken und fühlen

Du und dein Pferd seid zwei verschiedene Lebewesen.
Ihr müsst euch gegenseitig sehr gut kennenlernen, dann werdet
ihr schnell Freunde.

Dein Pferd beobachtet dich genau

Pferde sind sehr aufmerksame Beobachter. Darum
weiß dein Pferd immer genau, wie es dir geht.
Dein Pferd riecht, wie du dich fühlst. Wenn es dir
schlecht geht, ist dein Pferd traurig. Es freut sich,
wenn du fröhlich bist, und wenn du nervös bist,
wird es unruhig. Du kannst deinem Pferd absolut
nichts vormachen, denn es sieht und wittert, wie
es dir wirklich geht. Wenn du auf seinem Rücken
sitzt, spürt es, ob du entspannt bist.

Dein Pferd beobachtet dich genau.

Dein Pferd weiß
immer, wie es dir geht.

Wie Pferde sprechen

Wenn Pferde sich unterhalten, benutzen sie nicht
nur ihre Stimme. Viel öfter sprechen sie durch
Gesten. Dafür setzen sie ihren ganzen Körper ein,
von den Nüstern bis zum Schweif. Wenn Pferde
Schmerzen haben, können sie nicht jammern oder
schreien. Aber an ihrem Verhalten, an den Bewegungen ihrer Ohren und an ihren traurigen Augen
kannst du erkennen, wenn sie leiden.

Wie Pferde denken

Pferde sind sehr kluge Tiere. Aber sie denken oft ganz anders als Menschen. Sie wehren sich nicht gern gegen einen Angriff. Viel lieber laufen sie schnell davon, wenn sie sich bedroht fühlen. Und sie erschrecken sehr leicht. Dann machen sie oft blitzschnell einen Satz zur Seite. Wenn etwas Unbekanntes plötzlich nahe hinter ihnen auftaucht, treten sie aus. Sie meinen es bestimmt nicht böse. Doch dieses Verhalten macht das Zusammensein mit ihnen manchmal gefährlich. Darum: Sei immer aufmerksam und nähere dich einem Pferd niemals von hinten!

Der Pferdeschweif

Der Schweif eines Pferdes ist ein guter Anzeiger für seine Stimmungen. Wenn das Tier entspannt ist, hängt der Schweif locker herab. Ist das Pferd aber aufgeregt oder wütend, schlägt es mit dem Schweif oder trägt ihn hoch erhoben.

So begrüßt du dein Pferd richtig.

Wie du dein Pferd richtig begrüßt

Wenn du dich einem Menschen höflich vorstellst, mag er dich sofort gut leiden. Bei Pferden ist das nicht anders. Sprich ein Pferd darum immer freundlich an, wenn du auf es zugehst. Strecke deine Hand aus und lasse es daran schnuppern. Das ist das gleiche, als würdest du zu einem fremden Menschen sagen: „Guten Tag, ich heiße …"

Verstehst Du mich?
Pferdesprache leicht gemacht

Weil Pferde mit ihrem ganzen Körper zu dir sprechen, kannst du ihnen deutlich ansehen, wie sie sich fühlen.

Freude

Wie schön, dass du mich besuchst!, denkt Haflinger-Wallach Siourez. Er hat seine Ohren neugierig, aber locker nach vorne gestellt. Seine Augen leuchten freundlich. Die Nüstern sind offen, aber entspannt.

Siourez freut sich über Besuch.

Was hat sie denn? Ich döse doch nur.

Vingador ist wütend. Er legt die Ohren an.

Das Steigen

Wenn ein Pferd auf die Hinterbeine steigt, macht es klar: „Hier bin ich der Chef!" Das Pferd verweigert dem Menschen also ganz klar den Gehorsam. Beim Steigen legt das Pferd drohend die Ohren an.

Vingador wittert Gefahr.

Gefahr?

Oha, das könnte gefährlich werden! Vingador hat seinen Kopf erhoben. Seine Ohren sind konzentriert nach vorne gerichtet. Mit großen Augen schaut er in die Richtung, aus der die mögliche Gefahr kommt. Seine Nüstern sind weit geöffnet, damit er jeden schwachen Geruch aufnehmen kann. Pferde in dieser Stimmung stoßen oft ein lautes Prusten aus.

Wutausbruch

Jetzt reicht's mir aber! Wenn ein Pferd wütend ist, legt es seine Ohren ganz flach an den Kopf, die Augen blitzen zornig und seine Nüstern sind zusammen gekniffen. Pferde in dieser Stimmung haben oft ihren Schweif angehoben oder schlagen damit ärgerlich in die Luft. Vorsicht, solche Wutanfälle dauern oft zwar nur wenige Sekunden, aber manchmal beißen Pferde dann oder treten aus.

Entspanntes Wohlbehagen

Mir geht's ja sooo guuut! Die Haflinger Benni und Siourez dösen zufrieden und fühlen sich absolut sicher. Darum lassen sie ihre Ohren locker nach hinten hängen. Die Augen haben sie halb geschlossen, Kopf und Hals sind gesenkt. Der Schweif hängt ruhig herab und schlägt höchstens nach Fliegen. Beide haben einen Hinterhuf angewinkelt, weil das für sie besonders gemütlich ist. Wenn du zu einem dösenden Pferd gehen möchtest, solltest du es vorher besonders ruhig und freundlich ansprechen, sonst erschreckt es sich vielleicht.

Pferde beim Dösen

Ich sehe was, was du nicht siehst
Wie Pferde die Welt wahrnehmen

Die Sinne der Pferde sind spitzenmäßig ausgebildet.
So können sie Gefahren auf sehr weite Entfernungen erkennen
und im Notfall rechtzeitig weglaufen.

Ohren wie ein Luchs

Pferde haben so gute Ohren, dass sie alles viel
lauter hören als du. Außerdem nehmen sie sehr
hohe Töne wahr, die wir Menschen gar nicht bemerken. Um in alle Richtungen zu lauschen, bewegen sie ihre Ohrmuscheln. Starker Wind lässt in
ihren Ohren aber wirbelnde Geräusche entstehen.
Dann hören sie nicht mehr gut und haben Angst.

Pferde hören
sehr gut.

Mit den Nüstern nehmen
Pferde jeden Geruch wahr.

Die Supernasen

Pferde können besser riechen als
Menschen. Sie unterscheiden Gerü-
che feiner als wir und finden sogar
über den Geruch heraus, ob ein
anderes Pferd ihr Freund ist. Mit
ihren Supernasen können sie auch
Wasser wittern und den Weg nach
Hause finden.

Der perfekte Überblick

Pferde haben die Augen an den Seiten ihres Kopfes. So können sie gut sehen, was um sie herum passiert. Um Dinge direkt vor oder hinter ihnen zu sehen, müssen sie aber ihren Kopf drehen. Sie können die Farben gelb, rot, blau und lila unterscheiden. Grün, braun und schwarz sind für sie aber grau. Außerdem können Pferde nur halb so scharf sehen wie wir. Trotzdem nehmen sie weit entfernte Bewegungen viel besser wahr als Menschen. Auch im Dunkeln sehen sie sehr klar.

Pferde sehen anders als Menschen.

DAS FLEHMEN

Wenn Pferde etwas besonders gut riechen möchten, ziehen sie die Oberlippe hoch und atmen stark ein. Das nennt man „flehmen". Oben in ihrem Maul liegt nämlich das super empfindliche Jacobson'sche Riechorgan. Dieses Organ kann sogar herausfinden, in welcher Stimmung ein anderes Pferd ist oder ob es in seiner Herde etwas zu sagen hat.

Warum Pferde am Kot ihrer Artgenossen schnuppern

Igitt!!! Das Riechen an den „Äpfeln" ihrer Artgenossen ist für Pferde so ähnlich wie für uns das Zeitunglesen. Dabei erfahren sie, ob das Tier, das den Kot hinterlassen hat, ein Familienmitglied oder ein Fremder ist, ja sogar, ob es in seiner Herde wichtig oder unwichtig ist.

Richtige Familientiere
Wie wilde Pferde leben

Viele tausend Jahre lang haben alle Pferde in Freiheit gelebt. Diese Zeit prägt noch heute das Verhalten ihrer zahmen Nachkommen. Darum solltest du wissen, wie wilde Pferde leben.

Pferde möchten nicht allein sein.

Die Großen sorgen für die Kleinen

Pferdeeltern lieben ihre Kinder. Ihre Fohlen fühlen sich bei ihnen sicher, müssen keinen Hunger oder Durst haben und werden getröstet, wenn sie traurig sind. Die erwachsenen Tiere zeigen den Fohlen, was erlaubt und was verboten ist. Wenn ein Pferdekind nicht gehorcht, wird es zur Strafe zum Beispiel in den Bauch gestupst oder gezwickt.

Die Stute passt auf ihr Fohlen auf.

Lass mich nicht allein!

Pferde sind niemals Einzelgänger. Sie leben in Familien oder in großen Herden mit über 35 Mitgliedern. In jeder Pferdegruppe gibt es Alte und Junge, Mutige und Ängstliche, Kluge und Dumme – genau wie bei uns Menschen.

Pferde folgen ihrem Anführer.

Die Klügsten sind die Chefs

Die schlauesten und mutigsten Tiere sind für die anderen verantwortlich. Sie suchen nach den besten Futterplätzen und passen auf, dass alle in Sicherheit sind. Die anderen Pferde gehorchen ihnen und erweisen ihnen Respekt, etwa, indem sie den Anführern ausweichen und immer hinter ihnen gehen.

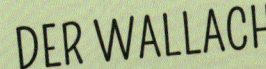

DER WALLACH

Vielen Hengsten hat man schon als Fohlen in einer kleinen Operation die Hoden entfernt. Solche Pferde heißen Wallache. Sie sind oft ganz brave Reitpferde.

Wilde Hengste

In jeder Pferdegruppe spielen die Hengste eine besondere Rolle: Wenn Raubtiere angreifen, laufen sie immer als Letzte hinter ihren fliehenden Kameraden her. Dadurch setzen sie für ihre Freunde ihr Leben aufs Spiel. Der klügste, tapferste und stärkste Hengst nimmt in jeder Pferdegruppe die Position des obersten Beschützers ein. Wir Menschen nennen ihn den Leithengst, obwohl er bei Gefahr seiner Herde immer als Allerletzter folgt. Auch zahme Hengste sind noch recht angriffslustig und ordnen sich den Menschen nicht so gut unter wie Stuten.

Hengste sind besonders muskulös und selbstbewusst.

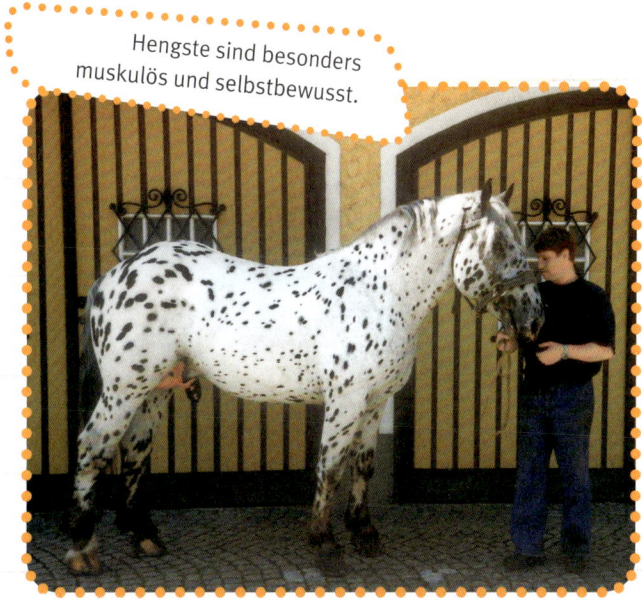

Jetzt bist du der Chef
Wie dein Pferd dir gern gehorcht

Im Reitunterricht lernst du, wie du dich deinem Pferd verständlich machst. Aber dein Pferd hört nicht nur auf die richtigen Kommandos. Es gehorcht vor allem dem richtigen Menschen.

Gehorsam ist keine Zauberei

Pferde können nur jemandem gehorchen, der mutiger und klüger ist als sie selbst. Das ist ihre Natur. Darum musst du für dein Pferd zu einem richtigen Anführer, zu einem „Leit-Menschen" werden. Und das ist gar nicht so einfach.

Du musst ein guter Anführer für dein Pferd werden.

So nicht!!!

DAS KLEBEN

Pferde fühlen sich nur bei anderen Pferden sicher. Sobald ein paar Pferde irgendwo hingehen, laufen ihnen alle anderen nach. Dieses Verhalten nennt man „kleben". Darum hast du ein echtes Problem, wenn du dein Pferd von den anderen wegreiten willst, ganz besonders bei einem Ausritt.

Ein langer Weg

Solange dein Pferd noch an der Longe geht, betrachtet es nicht dich, sondern deinen Reitlehrer als seinen Chef. Später, in den normalen Reitstunden, übernimmst du diese Aufgabe allmählich selbst. Erwarte dann nicht zu viel von dir. Ganz allmählich wird dich dein Pferd als seinen Leit-Menschen anerkennen. Irgendwann wirst du es gar nicht mehr nötig haben, dein Pferd zu bestrafen. Dann bist du ein richtig guter Reiter geworden und dein Pferd gehorcht dir.

An der Longe gehorcht dein Pferd dem Reitlehrer.

Das Pferd vertraut seinem Leit-Menschen.

Regeln für einen guten Leit-Menschen

❀ Bleibe immer ruhig, auch wenn dein Pferd dich ärgert. Wut macht dich zu einem schlechten Leit-Menschen, denn in einer Pferdeherde werden nur die Tiere wütend, die nicht viel zu sagen haben.

❀ Zeige niemals Angst. Durch deine Angst wirst du zu einem schwachen Anführer. Außerdem überträgt sie sich auf dein Pferd.

❀ Sei konsequent. Erlaube deinem Pferd niemals etwas, das du ihm beim letzten Mal verboten hast. Sieh niemals über einen Ungehorsam hinweg, auch wenn er nur ganz klein ist.

❀ Konsequent verhältst du dich auch, wenn du deinem Pferd sein Leckerli immer zur gleichen Zeit gibst, etwa zur Begrüßung oder wenn es seine Arbeit gut gemacht hat.

Bunte Vielfalt
Pferdetypen und Pferderassen

Wir Menschen züchten die Pferde, wie wir sie brauchen: Zum Reiten oder Kutsche fahren, für die Feldarbeit und, und, und … Darum sind auf der ganzen Welt viele verschiedene Pferderassen entstanden.

Die Vollblut-Pferde

Vollblüter haben einen besonders schlanken Körperbau. Sie sind die Rennläufer unter den Pferden. Zu ihnen gehören verschiedene Pferderassen: Die *Achal-Tekkiner* stammen aus den riesigen Steppen in Zentralasien. Sie machen weit ausholende Bewegungen und haben ein besonders glänzendes Fell.

Weil die *Arabischen Pferde* aus der Wüste kommen, sind sie extrem ausdauernd.

Englische Vollblüter sind ideal für Galopprennen.

Die Warmblut-Pferde

Warmblüter sind typische Reitpferde und aus der Kreuzung von europäischen Pferden und Vollblütern entstanden. Hier gibt es viele Pferderassen: Die *Deutschen Reitpferde* sind gute Sportpferde. Man züchtet sie zum Beispiel als Trakehner oder Westfalen. Sie haben einen langen Rücken und machen weit ausholende Bewegungen. Mit einem Stockmaß um 170 cm sind sie recht groß.

Barockpferde wie Lusitanos oder Lipizzaner waren ideale Kriegspferde. Mit ihrem kurzen Rücken, einer muskulösen Hinterhand und eher kurzen Bewegungen sind sie sehr geschickt.

Ein Arabischer Vollblüter

Ein Trakehner

Ein Schwarzwälder Kaltblut

Die Kaltblut-Pferde

Kaltblüter sind ideale Arbeitspferde, denn sie können sehr gut schwere Lasten ziehen. Zu ihnen gehören verschiedene Pferderassen:
Die *Schwarzwälder* sind leichte Kaltblüter mit einem Gewicht um 500 kg. Sie sind eher klein und immer Füchse mit weißer Mähne und hellem Schweif.
Die *Noriker* stammen aus Österreich. Diese Pferde wiegen etwa 800 kg. Es gibt sie in besonders vielen Farben, sogar als Tigerschecken.
Die *Percherons* kommen aus Nordfrankreich; es gibt sie nur als Schimmel und Rappen. Mit bis zu 1000 kg gehören sie zu den schweren Kaltblütern.

DAS STOCKMASS

Das Stockmaß ist die Rückenhöhe eines Pferdes. Man misst es am „Widerrist", dem Höcker zwischen dem Hals und dem Rücken eines Pferdes.

Vingadors Freundin Tina ist ein Shetlandpony.

Die Ponys

Ponys heißen alle Pferde unter dem Stockmaß von 148 cm. Hier gibt es zum Beispiel diese Rassen:
Shetlandponys sind etwa einen Meter groß. Sie stammen von einer Inselgruppe im Norden Großbritanniens, wo ein so raues Klima herrscht, dass dort nur kleine, zähe Pferde leben können.
Reitponys sind aus Kreuzungen von Vollblütern mit Ponys entstanden. Die „Sportpferde für Kinder" haben ein Stockmaß von 122 bis 148 cm.
Haflinger sind immer Füchse mit weißer Mähne und hellem Schweif. Ursprünglich waren sie Arbeitspferde, heute sind sie als Freizeitpferde beliebt.

Gewusst, wie!
So reitest du dein Pferd richtig

Pferde sind große und starke Tiere. In Wahrheit hat die Natur
die Pferde trotzdem nicht geschaffen, damit wir sie reiten.
Dennoch können sie uns gut tragen – wenn wir alles richtig machen.

Der Körperbau

Ein Mensch hat die gleichen Knochen wie ein
Pferd. Trotzdem sind unsere Körper sehr verschieden aufgebaut, und die Knochen haben verschiedene Funktionen.

Ein großer Unterschied

Pferde laufen nicht auf Händen und Füßen, sondern mit jedem Bein auf nur einer einzigen Zehe.
Ja, wirklich! Trotzdem tragen sie einen Reiter. Aber
wird der lange Rücken des Pferdes nicht durchgedrückt, wenn ein Mensch darauf sitzt? Und ob er
das wird! Allerdings nur, wenn wir unsere Pferde
schlecht ausbilden oder falsch reiten.

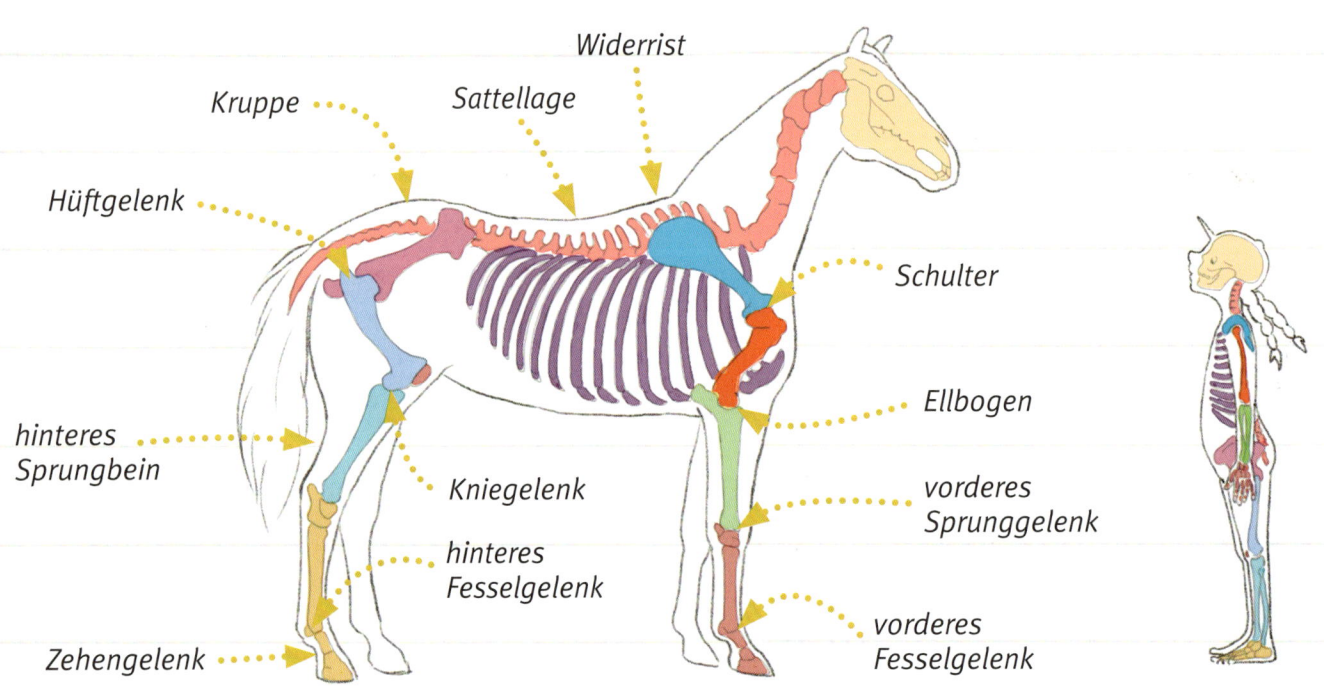

Widerrist

Kruppe · · · Sattellage

Hüftgelenk · · ·

Schulter

hinteres
Sprungbein · · ·

Ellbogen

Kniegelenk

vorderes
Sprunggelenk

hinteres
Fesselgelenk

Zehengelenk · · ·

vorderes
Fesselgelenk

DIE EINHUFER

Weil Pferde nur auf einer Zehe laufen, gehören sie zur biologischen Familie der Einhufer. Eng mit den Pferden verwandt sind Esel, Halbesel und Zebras. Nashörner in Afrika und Tapire in Amerika und Asien sind eher weitläufige Verwandte. Sie laufen aber auf drei Zehen.

Schlechte Körperhaltung

Wenn das Pferd seinen Kopf hoch erhoben trägt und seine Wirbelsäule durchhängen lässt, müssen die eher schwachen Vorderbeine den größten Teil der Last tragen. Bald wird das Pferd schlimme Rückenschmerzen bekommen und seine Vorderbeine nehmen mit der Zeit Schaden.

Bei der Versammlung tritt die Hinterhand weit unter den Körper.

Eine Frage an Reitlehrerin Kristina Wolz:

Warum bist du Reitlehrerin geworden?

Pferde waren immer das Wichtigste in meinem Leben. Schon am Ende meiner Schulzeit hatte ich zehn Pferde zu versorgen und bereits einige Reitschüler. Nach meiner Berufsausbildung hatte ich so viele Schüler, dass ich hauptberuflich Reitlehrerin geworden bin. Das habe ich nie bereut.

Gesunde Körperhaltung

Eine elegante und gesunde Körperhaltung heißt Versammlung. Mit seinen Hinterbeinen tritt das Pferd weit unter seinen Bauch. Darum trägt die starke Hinterhand einen großen Teil des Gewichtes. Gleichzeitig wölbt das Pferd seinen Rücken zu einem Bogen auf. So hängt die Wirbelsäule nicht durch. Ein Pferd, das seinen Menschen so schön tragen kann, braucht eine gute Ausbildung, viel Training und einen guten Reiter. Bei keinem Reitschüler klappt die Versammlung von Anfang an. Darum: Habe Geduld mit dir und deinem Pferd.

Vierbeinig unterwegs
Die wichtigsten Gangarten der Pferde

Wir Menschen können auf unseren zwei Beinen gehen, hüpfen und rennen. Pferde dagegen laufen auf vier Beinen. Darum haben sie sogar noch mehr Möglichkeiten, sich fortzubewegen.

Fußfolge Schritt

Der Schritt

Die langsamste Gangart des Pferdes ist der Schritt. Dabei wird zunächst der vordere linke Huf abgesetzt. Darauf folgt der hintere rechte Huf, dann der vordere rechte Huf, danach der hintere linke Huf, und so weiter. Im Schritt berührt also immer mindestens ein Pferdehuf den Boden und der Pferdekörper schwebt nie in der Luft. Darum wirst du im Schritt nicht durchgerüttelt.

Fußfolge Trab

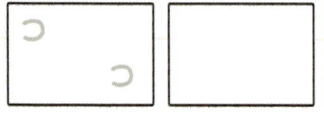  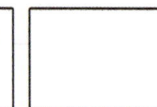

Der Trab

Der Trab ist deutlich schneller als der Schritt. Das Pferd tritt mit seinem rechten Vorderbein und seinem linken Hinterbein gleichzeitig auf. Dann stößt es sich ab und schwebt kurz in der Luft, bevor es sein linkes Vorderbein und das rechte Hinterbein zugleich wieder auf dem Boden aufsetzt. Während der kurzen Schwebephasen wirst du jedes Mal ein bisschen hochgeworfen. Das ist anfangs sehr unbequem. Im Reitunterricht lernst du, wie du trotzdem fest im Sattel sitzt und deinem Pferd nicht schmerzhaft in den Rücken plumpst.

Reiterin im Trab

Der Galopp

Im Galopp springt das Pferd in großen Sätzen vorwärts. Dabei kann es sehr schnell werden. Seine Hufe schlagen einen schnellen Dreitakt: pa-da-bamm, pa-da-bamm ... Dein Pferd setzt dabei zum Beispiel zuerst sein linkes Hinterbein, dann gleichzeitig sein rechtes Hinterbein und sein linkes Vorderbein und danach sein rechtes Vorderbein auf den Boden. Dann macht es einen Sprung, fliegt kurz durch die Luft und setzt wieder mit seinem linken Hinterbein auf. Weil das Pferd so große Sätze macht, ist das Reiten im Galopp anfangs gar nicht so einfach. Dennoch ist das Galoppieren wunderschön und du willst bestimmt nicht mehr damit aufhören, wenn du es richtig kannst.

Fußfolge Galopp

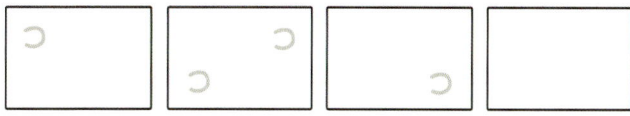

Im Galopp gibt es eine Schwebephase.

Das müssen wir noch üben!

Dressurlektionen im Trab

Ein guter Reiter kann auf einem sehr gut ausgebildeten Pferd aus dem Trab mehrere Dressurlektionen entwickeln. Dazu gehören die Piaffe, ein Trab auf der Stelle, und die Passage, ein Trab mit hoch erhobenen Beinen.

Die bunte Welt der Pferde
Farben und Abzeichen

Seit wir Menschen Pferde zähmen gibt es verschiedene
Farben und Abzeichen bei Warmblütern, Vollblütern, Ponys
und Kaltblutpferden. Manche Pferderassen werden allerdings
nur in ganz bestimmten Farben gezüchtet.

Die Fellfarben

Ein schwarzes Pferd heißt *Rappe*.
Wenn ein Pferd braun ist, seine Mähne und sein
Schweif aber schwarz sind, ist es ein *Brauner*.
Ein ganz rotbraunes Pferd nennt man einen *Fuchs*.
Ein Pferd mit rotbraunem Fell, einer weiße Mähne
und einem weißen Schweif ist ein *Isabelle* oder
Palomino.
Pferde mit einem grauen oder hellbraunen Fell,
einer schwarzen Mähne und einem schwarzen
Schweif heißen *Falben*. Über ihren Rücken läuft oft
ein dunkler Streifen. Manche haben Zebrastreifen
an den Beinen.
Ein weißes Pferd mit vielen kleinen, dunklen
Flecken nennt man einen *Tigerschecken*.
Pferde mit großen weißen und dunklen Flecken
sind *Plattenschecken*.

Pferde gibt es in vielen
verschiedenen Farben.

Ein Falbe

Schimmel sind nicht immer weiß

Schimmel werden immer mit einem
dunklen Fell geboren. Erst im Laufe
ihres Lebens werden sie allmählich
heller. Irgendwann sind sie tatsäch-
lich ganz weiß. Sehr selten gibt es
Fohlen, die wirklich schneeweiß
auf die Welt kommen. Sie sind aber
keine Schimmel, sondern
Weißgeborene.

Die Abzeichen

Pferde können nicht nur unterschiedliche Farben, sondern auch viele verschiedene Abzeichen am Kopf oder an den Beinen haben.

Abzeichen am Kopf

✿ Einen kleinen, weißen Fleck auf der Stirn nennt man *Flocke*.

✿ Wenn der weiße Fleck größer ist, heißt er *Stern*.

✿ Der weiße Fleck auf der Nase eines Pferdes heißt *Schnippe*.

✿ Wenn über die Stirn und die Nase eines Pferdes ein weißer Streifen läuft, bezeichnet man ihn als *Blesse*.

✿ Einen sehr breiten, weißen Streifen, der sich sogar bis über die Augen zieht, nennt man *Laterne*.

Abzeichen am Bein

Bei vielen Pferden sind auch die Beine weiß gefärbt. Dieses weiße Fell kann nur an der Fessel oder auch am ganzen Bein auftreten.

Flocke, Blesse, Stern

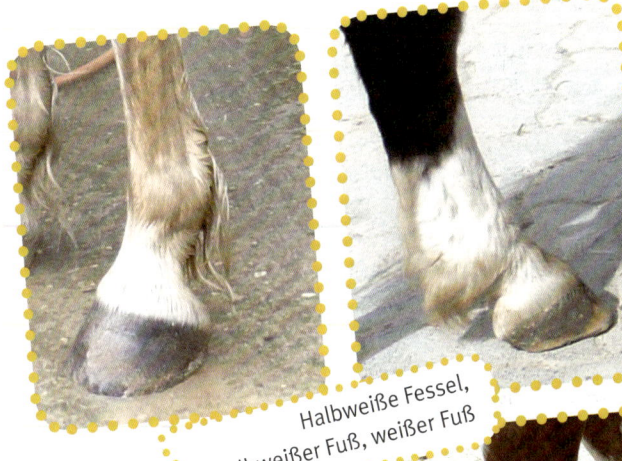

Halbweiße Fessel, halbweißer Fuß, weißer Fuß

DIE STICHELHAARE

Manche Pferde sehen besonders bunt aus, weil in ihr dunkles Fell viele weiße Haare eingestreut sind. Solche Pferde sind stichelhaarig. Der Anteil der weißen Haare in ihrem Fell bleibt ihr ganzes Leben lang gleich.

Junge Hüpfer und weise Greise
Der Lebenszyklus der Pferde

Ebenso wie Menschenkinder müssen auch junge Pferde einiges lernen und können nicht in jedem Alter jede Arbeit leisten. Hier erfährst du, was ein Pferd in welchem Alter schaffen kann.

Das Fohlen

Elf Monate lang wächst ein Fohlen im Bauch seiner Mutter heran. Schon eine halbe Stunde nach seiner Geburt steht es auf seinen vier Beinen. Fohlen sind sehr verspielt; sie können sich nicht lange konzentrieren und ihre Knochen sind noch zu schwach zum Reiten. Aber Fohlen können schon lernen, wie man ein Halfter trägt oder von den Menschen geführt und geputzt wird.

Junge Pferde müssen noch viel lernen.

Ein Fohlen steht noch sehr wackelig auf seinen Beinen.

Das junge Pferd

Im Alter von vier Jahren lernt ein junges Pferd einen Reiter zu tragen. Junge Pferde sind sehr ausgelassen. Manche fangen unter ihrem Reiter plötzlich an zu rennen oder sie buckeln. Andere haben große Angst, etwas falsch zu machen. Darum bilden nur sehr erfahrene Reiter Pferde aus.

Das erwachsene Pferd

Mit acht Jahren ist ein Pferd wirklich erwachsen. Bis dahin kann seine Entwicklung holprig verlaufen und es macht seinem Reiter manchmal noch Schwierigkeiten. Erst als erwachsenes Pferd ist das Tier seelisch ausgeglichen und körperlich voll leistungsfähig. Für Turnierpferde beginnt jetzt die Zeit der großen Karriere. Und einige erwachsene Pferde sind so brav, dass du auf ihnen das Reiten lernen kannst.

Rocky ist 26 Jahre alt.

Vingador ist ein erwachsenes Pferd.

Der verdiente Lebensabend

Ab dem 17. Lebensjahr lässt die Kraft eines Pferdes allmählich nach. Mit 20 Jahren gilt es als alt. Trotzdem dürfen und möchten die meisten Pferde dann noch arbeiten. Viele alte Pferde sind ideale Reitschulpferde, weil sie schon so viel erlebt haben und nicht mehr so leicht erschrecken. Manche Tiere gehen erst mit 30 Jahren endgültig in Rente. Die meisten Pferde-Greise werden liebevoll versorgt. Diese Pferde-Rente nennt man Gnadenbrot.

Unglaublich, aber wahr!
Superleistungen von Pferden auf der ganzen Welt

Pferde können nicht nur schnell laufen, hoch springen und schwere Lasten ziehen. Sie können sich auch an schwierige Lebensbedingungen anpassen und in den härtesten Regionen der Welt überleben.

USA: Westernpferde wie die Quarter Horses hüten Rinder in Eigenregie. Wenn sie durch blitzschnelle Sprünge Kühe treiben, sitzen ihre Reiter fast untätig im Sattel.

USA, Michigan: Das Kaltblut Big Jake ist das größte Pferd der Welt. Es hat ein Stockmaß von 2,10 m und wiegt rund 1200 kg.

Argentinien: Mit einem Stockmaß von höchstens 86 cm sind die Fallabella-Ponys die kleinste Pferderasse der Welt.

Chile: Im Jahre 1949 übersprang das Englische Vollblut Huaso ein Hindernis mit der Rekordhöhe von 2,47 m.

Namibia: Eine Herde entlaufener Hauspferde überlebt seit über 100 Jahren in der Wüste Namib bei plus 45 °C ohne jeden Schatten.

Deutschland: Im Jahr 2011 hat das Englische Vollblut Danedream in einem Galopprennen eine durchschnittliche Geschwindigkeit von 59,8 km/h erreicht. Damit ist es das schnellste Pferd der Welt.

Frankreich: Die Camargue-Pferde leben in einem großen Sumpfgebiet. Darum haben sie gelernt, mit den Nüstern unter Wasser zu grasen.

Das erfolgreichste Sportpferd aller Zeiten

Das Hannoveraner Dressurpferd Gigolo hat bei olympischen Spielen viermal die Goldmedaille und zweimal eine Silbermedaille gewonnen. Außerdem wurde Gigolo viermal Weltmeister und achtmal Europameister.

Sibirien: Die Ponys der Yakuten überstehen neun Monate lange Winter, in denen es im Durchschnitt minus 50 °C kalt wird. Die tapferen Ponys ernähren sich von den Pflanzen, die sie unter dem Schnee finden.

Mongolei: Die zähen mongolischen Ponys tragen ihre Reiter über Strecken von bis zu 300 km am Tag.

Himalaja: Im höchsten Gebirge der Welt klettern die Gebirgsponys mit schweren Lasten auf ihrem Rücken in bis zu 4500 m Höhe.

Arabische Halbinsel: Rein gezogene Arabische Vollblüter haben oft einen Rückenwirbel weniger als Pferde anderer Rassen.

Eine gute „Führungsperson"
Pferde richtig aufhalftern, führen und anbinden

Vielleicht denkst du jetzt: Aufhalftern, Führen, Anbinden –
ist doch alles ganz einfach! Leider falsch geraten.
In Wirklichkeit ist das Ganze sogar ziemlich kompliziert.

Wie du dein Pferd richtig aufhalfterst

🌼 Schiebe zuerst die untere Schlaufe des Halfters über die Nase des Pferdes.

🌼 Fasse dann mit deiner rechten Hand unter dem Pferdehals durch und halte den Pferdekopf am Nasenrücken fest.

🌼 Ziehe nun vorsichtig den Nackenriemen über seine Ohren.

🌼 Jetzt werden die offenen Schnallen oder Haken geschlossen und der Strick am Halfter befestigt.

🌼 Achtung! Das Halfter darf am Pferdekopf nirgendwo drücken. Es darf aber auch nicht zu locker sitzen, damit das Pferd nicht hängen bleiben kann.

Der Nackenriemen wird vorsichtig über die Ohren gezogen.

DER PFERDEKNOTEN
Wenn du dein Pferd mit einem Pferdeknoten anbindest, kann es sich nicht selbst los machen. Falls es aber einmal in Panik gerät, kannst du es mit einem einzigen, schnellen Handgriff befreien.

Das Führen

🌸 Stelle dich auf die linke Seite deines Pferdes, etwa auf die Höhe seiner Schulter. Nimm den Führstrick mit der rechten Hand ungefähr 30 cm unter dem Pferdemaul auf.

🌸 Halte das Ende des Strickes mit der linken Hand fest. Es darf nicht auf den Boden baumeln.

🌸 Schaue beim Loslaufen in die Richtung, in die du gehen willst, und marschiere mit ruhigen, aber zügigen Schritten los.

So führst du dein Pferd richtig.

Sei ein guter Anführer!

🌸 Auch beim Führen hast nur du das Sagen. Rucke energisch am Führstrick, wenn dein Pferd dich überholen will.

🌸 Lasse dich nicht von deinem Pferd bedrängen. Achte darauf, dass es beim Führen immer einen gewissen Abstand zu dir hält. Das tun nämlich auch die Chefs einer Pferdegruppe.

Das Pferd anbinden

🌸 Nimm den Strick etwa in seiner Mitte auf und forme eine Schlaufe. Führe diese von hinten durch den Anbindering.

🌸 Bilde unter der ersten Schlaufe eine zweite und ziehe diese durch die erste Schlaufe.

🌸 Auf diese Weise kannst du noch mehr Schlaufen durch die vorhergehende Schlaufe ziehen. So hält der Pferdeknoten noch besser.

Bitte nach dir.

Was für ein Gentleman.

Führe die Schlaufe durch den Ring. Ziehe dann die zweite Schlaufe durch die erste.

Sauber machen
Pferde putzen für Profis

Die meisten Pferde werden gerne geputzt. Das ist für sie so ähnlich, als kraulte ein anderes Pferd aus der Herde ihnen mit den Zähnen das Fell. Darum schließt du beim Putzen oft Freundschaft mit deinem Pferd.

Der ganze Körper wird gestriegelt.

Die Putzgeräte richtig benutzen

Der *Striegel* dient zum Loskratzen von grobem Dreck. Striegle vom Hals abwärts in kreisenden Bewegungen bis zur Kruppe. Massiere die fleischigen Körperstellen wie Hals oder Bauch kräftig. Den Kopf oder die Beine striegelst du besser nicht, denn das tut dem Pferd manchmal weh.

Weiche und grobe *Bürsten* reinigen das Fell von feinem Schmutz. Bürste immer in Fellrichtung. Beginne behutsam am Kopf, arbeite dich mit kräftigen Strichen bis zur Kruppe durch und vergiss die Beine nicht. Kratze die Bürste zwischendurch immer wieder am Striegel ab.

Nun wäschst du Nüstern, Augen und Po deines Pferdes mit *Schwämmen* und warmem Wasser aus. Nimm für das Hinterteil immer einen anderen Schwamm als für das Gesicht.

Jetzt bist du richtig schön sauber.

34

So kratzt du einen Huf aus.

Die Hufe auskratzen

🌼 Beginne immer mit einem Vorderbein des Pferdes. Stelle dich seitlich neben seine Schulter und streiche mit deiner Hand von seinem Ellbogen hinunter zur Fessel. Sage dabei deutlich: „Gib Huf!"

🌼 Halte den Huf mit einer Hand fest und säubere ihn mit dem Hufkratzer. Vor allem die Strahlfurchen sollen danach gründlich sauber sein. (vgl. Seite 48)

🌼 Sage nun „Huf aaab!" und setze den Huf behutsam auf den Boden.

🌼 Beim Auskratzen der hinteren Hufe stellst du dich seitlich neben die Kruppe, streichst wieder das Pferdebein hinunter und sagst: „Gib Huf!"

🌼 Nimm das Pferdebein hoch, ziehe es vorsichtig weit nach hinten und stütze es mit deinem Oberschenkel ab. Jetzt kannst du auch hier mit dem Auskratzen beginnen.

Nach dem Reiten

Eine eiserne Regel lautet: Zuerst das Pferd, dann der Reiter! Auch wenn du sehr müde bist, musst du immer zuerst dein Pferd versorgen, bevor du dich ausruhen darfst. Kratze ihm noch einmal alle vier Hufe aus, damit sich kein Stein darin festsetzen kann. Bei warmem Wetter spritzt du seine Beine mit kaltem Wasser ab, das kühlt Muskeln und Gelenke. Nachdem du Sattel und Trense abgenommen hast, bürstest du die verschwitzten Stellen im Fell glatt oder wäschst sie mit warmem Wasser aus.

Das Abspritzen der Beine kühlt Muskeln und Gelenke.

Sicher und bequem
Der Sattel

Ein gut passender Sattel ist wichtig für dich und dein Pferd, denn er gibt dir sicheren Halt und verteilt dein Gewicht besser auf dem Pferderücken.

Sattel

Satteldecke

Steigbügelriemen

Sattelgurt

Steigbügel

DAS NACHGURTEN

Auf dem Weg zum Reitplatz entspannt sich dein Pferd und sein Bauch wird ein bisschen dünner. Wenn du jetzt aufsteigst, verrutscht der Sattel und du plumpst wie ein nasser Sack vom Pferd. Ziehe darum vor dem Aufsteigen den Sattelgurt noch einmal fest. Gurte ein zweites Mal nach, wenn du ein paar Minuten geritten bist.

Wieder vergessen, den Sattelgurt nachzuziehen?

Autsch!

Das Aufsatteln

Vertrauen ist gut, Kontrolle ist besser! Schaue darum als Erstes immer genau nach: Sind die Steigbügel an ihren Riemen hochgezogen? Liegt der Sattelgurt über dem Sattel? Dann beginnst du mit dem Satteln an der linken Körperseite des Pferdes. Lege den Sattel vor dem Widerrist auf den Pferderücken und ziehe ihn langsam in Fellrichtung zurück, bis der Sattel perfekt auf Widerrist und Pferderücken liegt.

Wenn du den Sattel zu weit nach hinten geschoben hast, musst du ihn noch einmal anheben und von vorne beginnen. Niemals darfst du ihn gegen die Fellrichtung in die richtige Lage schieben. Überprüfe, ob die Satteldecke glatt liegt. Dann gehst du zur rechten Seite deines Pferdes und nimmst den Sattelgurt herunter. Kehre zurück zur linken Seite, nimm den Sattelgurt auf und schiebe seine beiden Schnallen durch die Lasche an der Satteldecke. Am Ende schnallst du den Sattelgurt an den beiden äußeren Sattelriemen fest. Der dritte Sattelriemen dient nur als Ersatz.

Der Sattel liegt vor dem Widerrist auf dem Pferderücken.

Die Schnallen der beiden äußeren Sattelriemen werden geschlossen.

Passende Steigbügel

Halte die Fingerspitzen deiner linken Hand an die Schnalle des Steigbügelriemens. Der Riemen hat die richtige Länge, wenn er mitsamt dem Steigbügel bis zu deiner Achselhöhle reicht. Lege die Schnalle in das passende Loch des Steigbügelriemens ein.

So misst du die Länge des Steigbügels.

Ohne Worte
Die Trense

Mit Hilfe der Trense kannst du mit deinem Pferd ohne Worte reden. Ja, wirklich. Darum solltest du dich besonders gut damit auskennen.

Manche Kopfstücke haben zusätzlich einen *Sperrriemen*. Er wird auch über der Nase festgeschnallt, aber er führt unterhalb des Gebisses um das Pferdemaul herum.

Oben am Backenriemen hängen der *Stirnriemen* und der *Kehlriemen*.

Das *Reithalfter* stützt durch den Nasenriemen den Unterkiefer des Pferdes.

Der *Backenriemen* ist an den Trensenringen befestigt. Er führt hinter den Ohren um den Kopf des Pferdes herum.

Auf dem knöchernen Nasenbein deines Pferdes liegt der *Nasenriemen*.

Die *Zügel* sind die Verbindung zwischen deinen Händen und dem Pferdemaul.

Das *Gebiss* tragen die Pferde im Maul.

Die Trense anlegen

Stelle dich links neben den Pferdekopf. Hänge die Zügel über den Hals deines Pferdes. An den Zügeln kannst du das Pferd festhalten, wenn es weglaufen will.

Streife erst danach das Halfter ab. Nimm das Kopfstück in die rechte Hand. Halte dem Pferd mit deiner linken Hand das Gebiss vors Maul und schiebe das Gebiss vorsichtig zwischen seine Zähne.

Ziehe behutsam den Backenriemen über die Ohren. Nun kannst du den Kinnriemen und den Nasenriemen schließen. Der Kinnriemen muss so locker sein, dass deine Hand zwischen Riemen und Kehle Platz hat. Unter den Nasen- und den Sperrriemen solltest du problemlos zwei Finger schieben können, sonst bekommt dein Pferd kaum mehr Luft.

Halfter abnehmen ...

... Gebiss ins Maul schieben ...

... Riemen schließen.

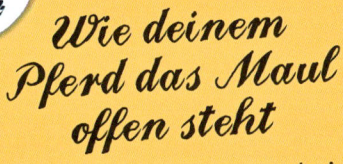

Wie deinem Pferd das Maul offen steht

Wenn dein Pferd sein Maul nicht freiwillig aufmacht, kannst du den Daumen deiner linken Hand zwischen seine Zähne schieben. Dort gibt es ziemlich vorne eine Zahnlücke, in die du deinen Daumen drücken musst. Jetzt öffnet dein Pferd sein Maul ganz bestimmt.

Nicht so fest! Ich krieg keine Luft mehr.

Trautes Heim
Wie du eine Pferdebox in Ordnung hältst

Die Pferdebox ist die häufigste Wohnung für Pferde.
Wenn ein Pferd täglich genügend Auslauf hat, ist sie nämlich
ein gemütliches Zuhause, in dem es sich wohl fühlt.

Wie eine gute Pferdebox aussieht

Eine Box sollte mindestens vier mal vier Meter
groß sein. Schlechte Luft macht Pferde krank.
Darum braucht jede Box eine gute Frischluftzufuhr,
etwa durch offene Fenster oder Türen. Zugluft
sorgt dagegen für Erkältungen. Die Box soll schön
hell sein. Pferde brauchen nämlich viel natürliches
Licht, um gesund zu bleiben.

„Zimmer mit Aussicht"

Ständer-Haltung ist tabu

Früher haben Pferde als Arbeitstiere oft
viele Stunden am Tag hart geschuftet. Am
Abend waren sie dann so müde, dass sie
sich kaum noch bewegen wollten und fest-
gebunden in schmalen Ständern geschlafen
haben. Heute dagegen arbeiten die meisten
Pferde nur noch eine einzige Stunde am Tag.
Deshalb brauchen sie viel Platz, um
sich bewegen zu können. Da wäre die
Ständer-Haltung pure Tierquälerei.
In Deutschland ist sie zum
Glück verboten.

Die schmutzige Einstreu kommt auf den Misthaufen.

Der Hausputz

Einen Pferdestall sauber zu halten, ist viel Arbeit. Trotzdem muss man wirklich jeden Tag ausmisten. Schließlich möchten unsere Pferde genauso wenig in ihrem Mist schlafen wie du.

Mit der Mistgabel lädst du die Pferdeäpfel und die schmutzige Einstreu in die Schubkarre. Die saubere Einstreu räumst du zur Seite.

Kehre nun mit dem Besen den restlichen Dreck zusammen und verfrachte ihn mit der Schaufel in die Schubkarre. Die volle Schubkarre leerst du auf dem Misthaufen aus.

ROBUSTHALTUNG

Robuste, gesunde Pferde können das ganze Jahr auf der Weide leben. Sie brauchen aber eine Schutzhütte, die sie vor schlechtem Wetter schützt, und mindestens einen Platz, dessen Boden auch bei sehr nasser Witterung trocken bleibt.

Ein gemütliches Bett

Der nasse Boden der Box muss ein paar Stunden lang trocknen. Dann kannst du frisch einstreuen.

Die alte, noch saubere Einstreu bildet die untere Lage. Darüber kommt eine neue, frische Schicht.

Die Einstreu soll keine Klumpen bilden und mindestens bis zu den Fesseln des Pferdes reichen.

Bitte ein bisschen mehr. Ich möchte hier schlafen.

Hier ist gut Pferd sein
Im Auslauf und auf der Weide

Pferde brauchen viel Auslauf, sonst werden sie unzufrieden und krank.
Sie wollen auch nicht alleine sein, denn dann sind sie unglücklich.

Der Paddock

Auf einem großen, gut eingezäunten Platz können
sich Boxenpferde jeden Tag für einige Stunden
austoben und mit ihren Artgenossen zusammen
sein. Diesen Platz nennt man Paddock. Er ist mit
Schichten aus Kies, Sand und Pflastersteinen oder
einer speziellen Matte befestigt, damit er sich
nicht bei Regen in eine Schlammwüste verwan-
delt. Außerdem brauchen die Pferde dort frisches
Wasser zum Trinken und einen Schutz gegen
schlechtes Wetter. In der Paddock-Box ist der
Auslauf direkt an den Stall angebaut.

Vingador lebt mit Pony
Tina in einer Paddock-Box.

In einem Laufstall soll jedes
Pferd in Ruhe fressen können.

Der Laufstall

In einem besonders großen Stall mit einem sehr
großen Paddock kann eine ganze Pferdegruppe
leben. Hier muss Platz genug sein, damit einzelne
Pferde sich von den anderen zurückziehen können. Außerdem müssen die Menschen darauf
aufpassen, dass die starken Pferde den schwachen nicht das Futter wegfressen.

Die Weide

Auf der Weide haben Pferde großen Spaß. Allerdings gilt es ein paar wichtige Regeln einzuhalten, wenn du dein Pferd auf die Weide lässt:

🌸 Auf der Weide brauchen Pferde Schatten, genügend frisches Wasser und einen Unterstand gegen Regen und Hagel.

🌸 Ein sicherer Elektrozaun ist genauso wichtig. Stacheldraht ist tabu, denn daran können die Pferde sich schlimm verletzen.

🌸 Außerdem muss man die Weide öfter auf giftige Pflanzen kontrollieren. Denn Pferde erkennen zwar viele Pflanzen, die sie krank machen, am Geruch, aber leider nicht alle.

Das Wälzen auf der Weide ist für Pferde ein Riesenspaß.

Ach, tut das gut.

DAS ANWEIDEN

Die meisten Pferde kommen im Winter nicht auf die Weide, denn es wächst kaum noch Futter. Wenn im Frühjahr die Weidesaison beginnt, ist Vorsicht geboten. Falls unsere vierbeinigen Freunde jetzt zu viel frisches Gras fressen, werden sie schwer krank. Darum dürfen sie anfangs nur etwa zehn Minuten lang auf die Weide. In den folgenden Tagen wird diese Zeit allmählich verlängert. Diesen Prozess nennt man das Anweiden.

Vielfraße und Energiebomben
Wie man Pferde richtig füttert

Pferde füttern – leider klingt das viel einfacher, als es ist.
Unsere Hauspferde leben nämlich ganz anders als ihre Vorfahren in Freiheit.
Aber ihr Magen und ihr Darm haben sich noch nicht darauf eingestellt ...

Salatdiät spezial

Pferde sind wahre Vielfraße. Denn die Pflanzen, die sie in der Natur finden, enthalten nur wenig Energie. Das ist genauso, als würdest du nur von Salat leben. Bestimmt würdest auch du in diesem Fall fast pausenlos essen. So ähnlich machen es wild lebende Pferde: Sie fressen vor sich hin. Dabei wandern sie langsam immer weiter. Dann ruhen sie sich eine Weile aus ... fressen lange weiter ... und machen wieder eine Pause. Das klingt gemütlich. Anstrengend wird es für wilde Pferde nur selten, etwa, wenn sie vor Raubtieren weglaufen.

Wild lebende Pferde fressen fast den ganzen Tag Gras.

Auch Vingador würde am liebsten ständig Gras fressen.

Schokolade? Nein danke!

Möchtest du dein Pferd belohnen, weil es in der Reitstunde lieb und gehorsam war? Dann sind Zucker und Süßigkeiten tabu. Über trockenes Brot, Äpfel, längliche Mohrrüben-Stücke oder gekaufte Pferde-Leckerli freut sich dein Pferd genauso, und sie sind gesund.

DAS KRAFTFUTTER

Die meisten Pferde, die täglich arbeiten, brauchen zusätzlich Kraftfutter wie Hafer (schwarzer Eimer), Weizenkleie (blauer Eimer) oder Pellets (roter Eimer). Aber ihr Körper ist gar nicht auf diese Energie-Bomben eingestellt. Darum darf ein Pferd nicht mehr Kraftfutter fressen, als es wirklich braucht. Sonst wird es bald krank.

Große Tiere mit kleinem Magen

Weil die Verdauung der Pferde „seit Urzeiten" auf energiearmes, schwer verdauliches Pflanzenfutter in vielen kleinen Portionen eingestellt ist, haben Pferde einen recht kleinen Magen. Sogar bei großen Warmblütern ist er nur etwa so groß wie ein Fußball. Der Darm eines großen Pferdes misst dagegen sagenhafte 30 Meter.

Was Hauspferde brauchen

Zahme Pferde bekommen ihr Gras oft in getrockneter Form, dem Heu. Davon sollten sie den ganzen Tag über so viel fressen können, wie sie möchten. Am besten gibt man ihnen das Heu in einem Heunetz, denn dann fressen sie es genauso langsam wie die wild lebenden Pferde ihr Gras. Für viele zahme Pferde, die nicht arbeiten, reicht dieses Heu vollkommen aus, ebenso für manche genügsame Ponys, die öfter geritten werden.

Vingador mag auch Heu.

Der Tierarzt muss kommen
Wie du erkennst, dass dein Pferd krank ist

Alle Pferde werden ab und zu krank, genau wie wir Menschen.
Aber Pferde können nicht sagen, dass es ihnen schlecht geht.
Darum müssen wir gut auf sie aufpassen.

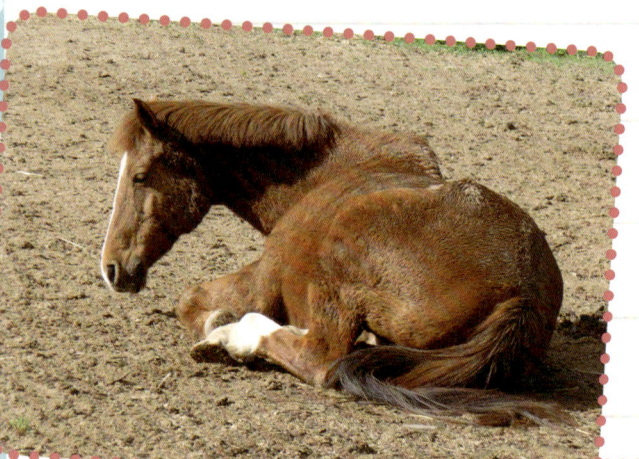

Die Kolik

Mag dein Pferd nicht fressen? Zieht es krampfhaft den Bauch ein, will es sich unbedingt hinlegen und wälzen? Dann hat es vermutlich eine Kolik. Das sind Krämpfe im Darm, die oft von zu viel Kraftfutter und zu wenig Bewegung kommen. Vielleicht hat sich der lange Darm aber auch ineinander verschlungen. Jetzt muss unbedingt der Tierarzt kommen, denn eine Kolik kann lebensgefährlich sein.

Bei einer Kolik will sich das Pferd unbedingt hinlegen.

DER PFERDE-ZAHNARZT

Wilde Pferde leben von hartem Steppengras. Als Haustiere fressen sie aber viel weicheres Futter. So wachsen ihre Zähne zu schnell nach und mit der Zeit fällt ihnen das Kauen immer schwerer. Darum kommt einmal im Jahr der Pferde-Zahnarzt oder ein Pferde-Dentalpraktiker, um die Zähne deines vierbeinigen Freundes wieder kurz zu raspeln.

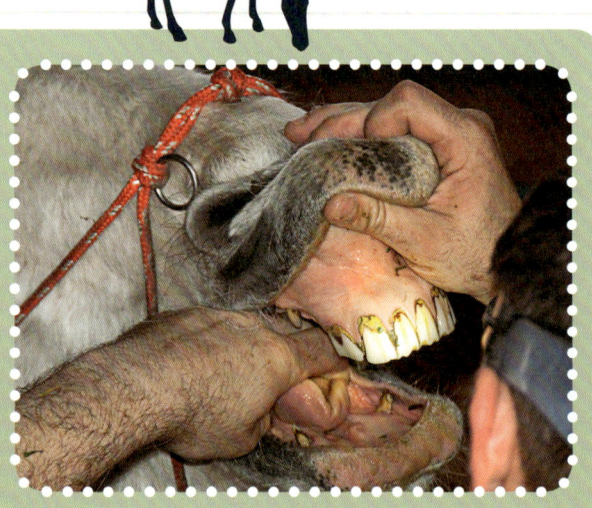

Die Tierärztin gibt Vingador eine Spritze.

Der Kreuzverschlag

Will dein Pferd nicht laufen? Zittert es, drückt es den Rücken nach unten und stellt seine Beine weit nach vorne und hinten? Hat es vielleicht sogar Fieber, ist sein Urin rötlich-braun? Dann leidet es wohl unter Kreuzverschlag. Jetzt musst du sofort den Tierarzt rufen. Ein harmloser Kreuzverschlag ist vergleichbar mit einem starken Muskelkater im Rücken. In schweren Fällen steckt aber eine schlimme Krankheit dahinter, die sogar tödlich enden kann.

Die Mauke

Knabbert dein Pferd häufig an seinen Fesseln? Ist die Haut dort wund und entzündet? Dann hat es eine stark juckende Mauke. Die Ursachen sind oft Schmutz und zu viel Feuchtigkeit an den Beinen. Aber auch falsche Fütterung spielt eine Rolle. Bei Mauke kann dein Reitlehrer dem Pferd selbst helfen, indem er die befallenen Stellen sauber hält und mit einer Zinksalbe einreibt.

Eine Frage an Reitlehrerin Kristina:

Kann ein Kind dir helfen, ein krankes Pferd frühzeitig zu bemerken?

„Aber ja! Ich bitte meine Reitschüler, ihre Pferde beim Führen und Putzen genau zu beobachten. So bemerken sie schnell, wenn ihr Pferd humpelt oder sich merkwürdig benimmt. Manchmal finden sie bei ihm auch eine Schwellung oder eine größere Wunde. Ein anderes Warnzeichen ist, wenn ihr Pferd sein Leckerli nicht fressen möchte. Die Kinder sagen mir dann sofort Bescheid. Denn sie wissen: Ihr Pferd ist vielleicht krank."

Der Tierarzt überprüft Vingadors Lungenfunktion.

Zeigt her eure Hufe
Wie ein Hufschmied arbeitet

Alle sechs Wochen kommt der Hufschmied und kümmert sich um die Hufe unserer vierbeinigen Freunde.

Der Huf

Die *Hufsohle* ist außen hart und gefühllos. Innen ist sie aber recht empfindlich.

weiße Linie

Der *Tragrand* ist gefühllos. Darum kann der Hufschmied Nägel hinein schlagen und sogar glühende Eisen darauf drücken.

Ballen

Der *Hufstrahl* ist weich und empfindlich. Auch beim Auskratzen der Hufe ist hier Vorsicht geboten.

Strahlfurche

Hornwand

Zehe

Tut ja gar nicht weh.

Der Hufschmied muss kommen

Viele Pferde tragen Hufeisen, damit sich das Horn ihrer Hufe auf Schotter und Asphalt nicht zu stark abnutzt. Durch die Eisen wird das Hufhorn aber gar nicht mehr abgerieben. Nun wächst es zu schnell nach. Darum muss es der Hufschmied abschneiden und neue Hufeisen aufnageln. Das Beschlagen ist harte Arbeit und dauert ein bis zwei Stunden. Auch dein Pferd braucht dabei viel Geduld.

Drei Fragen an Hufschmied Helmut Steinmetz:

Warum sind Sie Hufschmied geworden?

„Ich habe mir schon immer eine Arbeit mit Pferden gewünscht. Vorher war ich Schlosser. Da bot es sich an, Hufschmied zu werden, weil man in beiden Berufen mit Metall arbeitet."

Was macht Ihnen am meisten Spaß?

„Dass ich mit Pferden zu tun habe. Außerdem fragen mich immer wieder Pferdebesitzer um Rat. Auch ihre Fragen beantworte ich gern."

Sie sind 70 Jahre alt. Trotzdem beschlagen Sie immer noch einige Pferde. Warum?

„Einmal Hufschmied, immer Hufschmied!, sage ich oft. Für mich ist das kein Beruf, sondern eine Berufung."

So arbeitet der Hufschmied

Zuerst löst der Hufschmied das alte Hufeisen vom Pferdehuf. Dann schneidet er das überflüssige Hufhorn vom Tragrand und aus der Hufsohle. Nun erhitzt er die neuen Hufeisen im Ofen. Auf jeden Huf drückt er ein glühendes Eisen. Anschließend kann er an der Form des verbrannten Hufhorns sehen, wie gut das Eisen auf den Pferdehuf passt. Das heiße, noch weiche Eisen biegt er mit einer Zange zurecht, bis es richtig passt. Dann nagelt er die neuen Hufeisen auf. Dabei muss er gut aufpassen, denn die Hufnägel stehen heraus. Wenn das Pferd jetzt plötzlich seinen Huf wegzieht, kann sich der Hufschmied verletzen. Am Schluss raspelt er die dünne Schicht Hufhorn ab, die noch über dem neuen Hufeisen übersteht.

Der Hufschmied beschneidet das Hufhorn.

Wie das qualmt und zischt.

Das Hufeisen wird aufgenagelt.

Zu deiner Sicherheit
Warum eine gute Ausrüstung so wichtig ist

Reiten ist ein toller Sport. Dennoch fällt sogar der beste Reiter manchmal vom Pferd. Die richtige Ausrüstung kann verhindern, dass du dich dabei schlimm verletzt.

Ein gut passender *Reithelm* schützt deinen Kopf. Er ist in allen Reitschulen Pflicht. Anfangs kannst du ihn aber durch einen Fahrradhelm ersetzen.

Spezielle *Reithandschuhe* schützen deine Finger davor, sich an den Zügeln Blasen zu reiben. Außerdem halten sie deine Hände im Winter schön warm.

Die *Sicherheitsweste* ist ein sinnvoller Schutz für Oberkörper und Wirbelsäule. In der Reitschule muss man sie nicht unbedingt tragen.

Reithosen bestehen aus dehnbarem Material und liegen eng an den Beinen an. Vom Po bis zu den Knöcheln oder nur an den Knien sind sie mit Leder benäht. Dadurch kann sich der Reiter besser mit den Knien am Sattel festklammern und die Reithose nutzt nicht so schnell ab.

Reitstiefel schützen deine Beine beim Reiten und machen es dir leichter, die richtigen Schenkelhilfen zu geben. Du kannst auch Mini-Chaps und Reitstiefeletten verwenden. Für deine ersten Reitstunden musst du dir keine Reitstiefel kaufen. Wichtig ist, dass deine Schuhe bis über die Knöchel reichen.

DIE CHAPS

Chaps sind lange Beinkleider aus Leder. Sie wurden ursprünglich von den amerikanischen Cowboys getragen, um deren Beine vor Dornengestrüpp oder den Hörnern von Rindern zu schützen. Bei uns gibt es dagegen öfter die Minichaps, die man über Stiefeletten trägt. Sie reichen vom Knöchel bis zum Knie.

Die richtige Ausrüstung

In allen Turnierprüfungen musst du die richtige Kleidung tragen: Reitstiefel, eine weiße Reithose, eine Turnierbluse, eine dunkles Jackett und eine Reitkappe. Auch dein Pferd sollte schön herausgeputzt sein.

Reiter und Pferd auf einem Turnier

Die Sporen geben

Manche Reiter tragen Sporen. Diese sollen dem Pferd keine Angst einjagen. Ein sehr sicherer Reiter kann seinem Pferd damit besonders genau Kommandos geben.

Der richtige Sitz
Deine erste Reitstunde an der Longe

Am Anfang ist es schwierig, auf dem Pferderücken nicht den Halt zu verlieren. Deshalb führt der Reitlehrer das Pferd an einer Longe um sich herum. So kannst du dich darauf konzentrieren, sicher auf dem Pferd zu sitzen.

Aufsteigen ist gar nicht leicht.

Das Aufsitzen

Stelle dich an die linke Körperseite des Pferdes und fasse die Zügel mit der linken Hand. Setze den linken Fuß in den Steigbügel, greife mit links in die gefühllose Mähne deines Pferdes. Fasse mit der rechten Hand über den Sattel. Stoße dich vom Boden ab, ziehe dich hoch und schwinge das rechte Bein über den Sattel. Setze dich behutsam hin. Nimm mit den Füßen die Bügel auf.

DAS LEICHTTRABEN

Beim Leichttraben entlastest du den Rücken deines Pferdes. Wenn das äußere Vorderbein des Pferdes nach vorne schwingt, stehst du auf. Schon beim nächsten Schritt setzt du dich wieder hin. Zähle anfangs ruhig mit: Eins-sitzen, zwei-aufstehen, drei-sitzen und so weiter.

Im Sattel

Anfangs werfen dich die Bewegungen deines Pferdes kräftig auf und ab, besonders im Trab und im Galopp. Damit du diesen Schwung mit der Zeit abfedern kannst, musst du im Bauch und im Rücken viele Muskeln aufbauen und sehr gut dein Gleichgewicht halten können.

Regeln für einen guten Sitz

✿ Kopf hoch, Brust raus! Sitze gerade, aber entspannt.

✿ Nimm die Schultern etwas zurück, aber ziehe sie nicht krampfhaft hoch.

✿ Deine Arme hängen am Oberkörper herab, die Ellenbogen liegen locker an den Rippen.

✿ Deine Knie sollen fest am Sattel liegen, aber nicht klemmen.

✿ Lasse die Unterschenkel locker am Pferdebauch herabhängen. Auf keinen Fall darfst du die Absätze in den Pferdebauch drücken, sonst denkt dein Pferd, es soll ganz schnell laufen.

Kopf hoch, Brust raus.

Auch das Absteigen musst du üben!

Das Absitzen

Nimm beide Füße aus den Steigbügeln. Schwinge dein rechtes Bein über den Sattel und gleite an der linken Seite deines Pferdes hinunter. Lande mit federnden Knien und beiden Beinen gleichzeitig. Alles andere ist auf Dauer schlecht für deine Kniegelenke.

Akrobatik auf dem Pferd
Das Voltigieren

Voltigieren ist Turnen auf dem Pferd. Dafür brauchst du
Geschicklichkeit, viel Fitness und ein bisschen Mut ...

Das Bambini-Voltigieren

Bambini-Voltigieren richtet sich an junge Kinder
und ist eine andere Möglichkeit, Reiten zu lernen.
Auch hier geht es darum, dass du einen sicheren
Sitz auf dem Pferderücken bekommst. Die Übungen im Schritt und Trab (z. B. freihändiges Reiten
oder auf dem Pferderücken zu knien) sind span-
nend und lustig. Oft merkst du erst hinterher, wie
anstrengend das alles gewesen ist.

Vingador ist fertig zum Voltigieren.

Die Ausrüstung

Die Longe ist eine etwa acht Meter lange Leine, die
einen Griff an ihrem einen und einen Haken an
ihrem anderen Ende hat. Mit diesem Haken wird
sie in einem Trensenring des Pferdes befestigt. An
der Longe hört das Pferd auf die Kommandos des
Longenführers und geht um ihn herum.
Der Longenführer treibt das Pferd mit der Longierpeitsche vorsichtig an. Die Longierpeitsche ist eine
besonders lange Gerte mit einer Peitschenschnur.
Statt eines Sattels trägt das Pferd einen Voltigier-
gurt mit Haltegriffen und einer weichen Decke.

Voltigieren erfordert Mut.

Fast wie im Zirkus

Manchen Reitschülern macht das Voltigieren so viel Spaß, dass sie viele Jahre lang dabei bleiben. Mit der Zeit werden sie richtige Akrobaten auf dem Pferd, die sogar im Galopp schwierige Schaunummern beherrschen.

Beim **Stehen** steht man freihändig mit ausgestreckten Armen auf dem galoppierenden Pferd.

In der **Fahne** kniet man auf dem Pferderücken und streckt sein rechtes Bein und den linken Arm aus.

Bei der **Mühle** dreht man sich einmal komplett auf dem Pferd um.

Voltigieren im Galopp

Freihändig auf dem Pferd

Gemeinsam Voltigieren

Es gibt auch Voltigier-Übungen für zwei, drei oder mehr Partner. Das gemeinsame Voltigieren erfordert viel Konzentration und genaue Abstimmung mit deinem Partner.

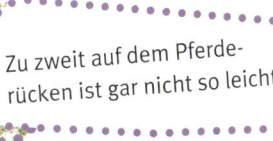

Zu zweit auf dem Pferderücken ist gar nicht so leicht.

Jetzt geht es richtig los
Deine erste Reitstunde

Nun nimmst du schon längere Zeit Longenstunden.
Du sitzt sicher im Sattel und weißt schon gut über Pferde Bescheid.
Darum wird es bald Zeit für deine erste Reitstunde.

Wie du mit den Zügeln umgehst

Führe die Zügel zwischen Ringfinger und kleinem
Finger in deine Fäuste hinein und zwischen Daumen und Zeigefinger wieder hinaus. Halte deine
Hände immer aufrecht. Das Maul deines Pferdes
ist sehr empfindlich. Gib ihm mit den Zügeln gut
verständliche, aber sanfte Kommandos. Wenn
deine Hände sich verkrampfen, werden bald auch
deine Arme und dein ganzer Körper steif. Halte die
Zügel darum immer nur locker fest.

So hältst du die Zügel richtig.

INNEN UND AUSSEN

Dein Reitlehrer wird oft von deinem „inneren
Schenkel" oder deiner „inneren Wade"
sprechen. Damit meint er das Bein, das
gerade in das Innere der Reitbahn zeigt.
Dein „äußeres Bein" dagegen zeigt nach
außen, also zur Wand der Reithalle oder
zum Zaun des Reitplatzes.

Galoppieren ist wunderschön.

Der erste Galopp

Wenn dein Reitlehrer dich fragt, ob du alleine galoppieren möchtest, ist das ein kleines Lob, denn selbständig Galoppieren ist gar nicht so einfach. Nutze zum Angaloppieren die Kurve an einer kurzen Seite der Reitbahn. Dort richtet dein Pferd automatisch seinen Kopf nach innen. In dieser Haltung kann es besser angaloppieren. Presse nun deine innere Wade direkt vor dem Sattelgurt fest an den Pferdebauch und lege gleichzeitig deinen äußeren Schenkel etwa eine Handbreit hinter den Gurt. Sobald das Pferd in den Galopp springt, muss es sich ein wenig strecken. Gehe darum ein bisschen mit deiner inneren Hand vor. Lasse dich nun locker und entspannt von seinen schwungvollen Bewegungen tragen.

DER LANGE ZÜGEL

Am „langen Zügel" reitest du, wenn du die Zügel durchhängen lässt. So kann dein Pferd seinen Hals strecken und seinen Rücken dehnen.

Pferde müssen sich gut aufwärmen.

Nach einem festen Plan

Anfangs gehen alle Pferde etwa zehn Minuten am langen Zügel im Schritt. Während dieser Aufwärmphase bildet sich in ihren Gelenken genug Gelenkflüssigkeit zum Arbeiten und die Muskeln werden besser durchblutet. Danach reiten die Reitschüler längere Zeit im leichten Trab. Nun beginnt die intensivste Arbeitsphase, in der die Reitschüler auch schwerere Lektionen reiten. Am Schluss soll sich dein Pferd ein wenig entspannen. Darum endet jede Reitstunde mit einem Trab am langen Zügel und einigen Minuten im Schritt.

Mit Freundlichkeit ans Ziel
So versteht dich dein Pferd

Beim Reiten gibst du deinem Pferd keine Befehle.
Du forderst es deutlich, aber höflich dazu auf, etwas Bestimmtes
zu tun. In der Reitersprache heißt das „Hilfen geben".

Die Gewichtshilfen

Jedes Pferd möchte unter seinem Reiter sein
Gleichgewicht halten. Sobald du deinen Körper ein
wenig zu einer Seite lehnst, weicht es zu dieser
Seite aus, um dein Gewicht wieder „einzufangen".
Wenn du deinen Rücken anspannst und dich etwas mehr nach hinten setzt, wird das Pferd aufmerksam und fühlt sich angetrieben.
Das Pferd wird langsamer, wenn du dich ent-
spannst und schwerer in den Sattel setzt.
Schaue immer in die Richtung, in die
dein Pferd gehen soll. Dein Pferd
reagiert nämlich auch auf
solche kleinen Bewegungen
in deinem Hals und
deinem Rücken.

Seitwärtsgang durch
Gewichtshilfe

Brauchst
du Hilfe?

DIE GERTE

Die Gerte ist dein verlängerter Arm, mit dem du durch leichte Berührungen die Hinterbeine deines Pferdes antreiben kannst. Außerdem kannst du mit ihrer Hilfe dein unkonzentriertes Pferd durch einen leichten Klaps „aufwecken".

Die Schenkelhilfen

Mit deinen Unterschenkeln treibst du dein Pferd an. Lege deine Waden fester an den Pferdebauch und spanne sie an. Dann weiß dein Pferd, dass es seine Hinterbeine stärker benutzen soll. Wenn du gleichzeitig die Zügel etwas lockerer lässt, wird es schneller.

Hilfen richtig geben

Gib immer alle Hilfen gleichzeitig. Sei dabei vorsichtig und behutsam. Denn ein williges Pferd, das seinen Reiter verstanden hat, reagiert oft schon auf klitzekleine Zeichen.

Die Unterschenkel treiben das Pferd an.

Die Zügelhilfen

Wenn dein Pferd nach links gehen soll, nimmst du den linken Zügel leicht an. Ebenso machst du es mit dem rechten Zügel, wenn es nach rechts gehen soll. Soll dein Pferd langsamer werden, ziehst du beide Zügel etwas an. Sobald dein Pferd brav reagiert, lässt du die Zügel ein wenig lockerer. So weiß es, dass es alles richtig gemacht hat.

Die Zügel werden nicht zu fest gehalten.

Zuerst einmal zurechtfinden
Reitplatz, Reithalle und die ersten Kommandos

Für eine gelungene Reitstunde brauchst du ein liebes Pferd,
einen prima Reitlehrer und einen guten Reitplatz.
Hier erfährst du, was einen Reitplatz ausmacht.

In der Reithalle

Wo Pferde gerne arbeiten

Auf dem Reitplatz soll sich dein Pferd wohl fühlen
und gut bewegen können. Darum ist der Platz
ganz eben und hat einen trittsicheren, elastischen
Untergrund, der die Gelenke der Pferde schont.
Groß genug muss der Reitplatz natürlich auch
sein. Die meisten Plätze messen 20 x 40 m oder
20 x 60 m.
Die Reithalle ist ein Reitplatz mit Dach. Sie sollte
durch viel Tageslicht erhellt sein und wird niemals
beheizt, weil das für die Pferde nicht gesund wäre.

Buchstaben weisen dir den Weg.

Die Buchstaben

Wenn du dich auf dem Reitplatz oder in der Reithalle umschaust, siehst du an den vier Seiten acht
große Buchstaben (A, K, E, H, C, M, B, F). Sie helfen dir dabei, die Hufschlagfiguren richtig zu reiten. Ein weiterer wichtiger Buchstabe ist leider
unsichtbar. Das ist der Punkt X, der genau in der
Mitte der Reitbahn liegt.

Abstand halten

Vergiss nie: Pferde treten manchmal aus. Darum ist es sehr wichtig, dass du im Reitunterricht immer eine Pferdelänge Abstand zum Vorderpferd hältst.

Halte immer eine Pferdelänge Abstand.

DER HUFSCHLAG

Durch die vielen Pferdehufe, die immer wieder auf die gleiche Linie treten, bildet sich mit der Zeit ein richtiger Pfad, der Hufschlag.

Die Kommandos

Im Laufe einer Reitstunde gibt dein Reitlehrer dir verschiedene Kommandos. Das wichtigste Kommando ist „Ganze Bahn!" Dafür umrundest du die Bahn, indem du an ihren äußeren Seiten entlang reitest.

„Rückwärts richten!" sagt dein Reitlehrer nur, wenn dein Pferd schon still steht. Er möchte jetzt, dass es vier Schritte rückwärts tritt. Versuche nicht, es dazu durch heftiges Zerren am Zügel zu bringen, denn das tut ihm im Maul und im Rücken weh. Wenn du es nach vorne treibst und gleichzeitig die Zügel festhältst, machst du ihm besser klar, was du von ihm willst.

Das Pferd rückwärts richten

Gymnastik für dein Pferd
Die Hufschlag-Figuren

Hufschlag-Figuren sind festgelegte Wege über den Reitplatz. Bei diesen Übungen lernst du sehr gut, deinem Pferd Hilfen zu geben. Außerdem sind solche Hufschlag-Figuren eine prima Gymnastik für dein Pferd.

Von einer „Hand" zur anderen

Durch die ganze Bahn wechseln! (rot) Diese Figur sieht wie ein lang gezogenes Z aus. Am ersten Buchstaben einer langen Seite biegst du zu Punkt X in der Mitte der Bahn ab. Reite von dort zu dem Buchstaben an der anderen langen Seite, der dir schräg gegenüber liegt.

Auf der Ecke kehrt! (grün) Reite bis zum Buchstaben A oder C an der nächsten kurzen Seite. Biege dort zum Buchstaben B oder E an der langen Seite ab, von der du gekommen bist

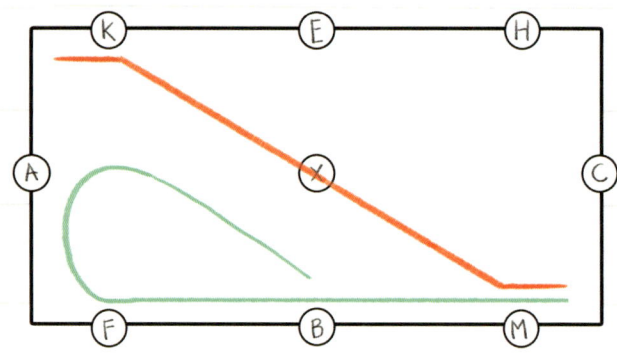

DIE HAND

Die Hand ist in der Reitersprache die Körperseite eines Pferdes. Seine innere Hand zeigt in der Reitbahn nach innen. Falls dein Pferd auf seiner linken Hand geht, ist seine linke Körperseite innen; bei der rechten Hand ist es die rechte (Foto). Wenn du mit ihm die Hand wechselst, ändert ihr beiden die Richtung.

Schön rund – die Zirkel

Beim Kommando *Auf dem Zirkel geritten!* (grün und rot) reitest du einen großen Kreis, der von einer kurzen Seite bis zu Punkt X in der Mitte der Bahn reicht.

Aus dem Zirkel wechseln! (gelbe Pfeile) bedeutet, dass du bei Punkt X aus einem Zirkel in die andere Richtung abbiegst und auf der anderen Hand weiter Zirkel um die andere Hälfte der Bahn reitest.

Kurven bis zum Abwinken

Auf das Kommando *Einfache Schlangenlinie!* (rot) biegst du am ersten Buchstaben der langen Seite in das Innere der Bahn ab. Wenn du die Mitte der langen Seite erreicht hast, sollte dein Abstand zum Hufschlag etwa fünf große Schritte betragen. Reite nun zurück zum letzten Buchstaben an der gleichen langen Seite.

Schlangenlinien drei Bögen! Reite zwischen den langen Seiten hin und her. Dabei gibt es zwei kurze Handwechsel. Biege am ersten Buchstaben der langen Seite nach innen ab und reite in gerader Linie auf die andere lange Seite zu. Wenn du diese fast erreicht hast, biegst du in einem Bogen wieder ab und kehrst auf gerader Linie zum dritten Buchstaben deiner Ausgangsseite zurück.

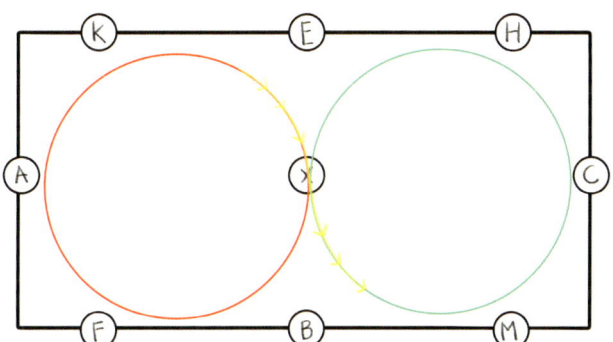

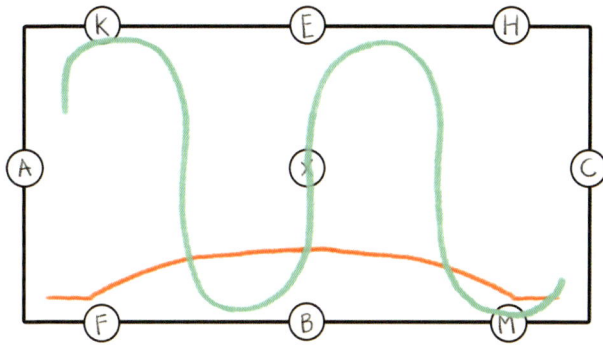

Schlangenlinien vier Bögen!

So heißt es, wenn sich an die drei genannten Bögen noch ein vierter anschließt (grün). Dadurch werden die Kurven, die du reiten musst, enger. Dein Pferd wechselt dreimal die Richtung und läuft am Ende auf seiner anderen Hand.

Raus ins Abenteuer
Dein erster geführter Ausritt

Bevor du allein mit deinem Pferd im Galopp über die Stoppelfelder oder durch den Wald ausreiten darfst, musst du noch eine Menge lernen. Deshalb nimmst du zuerst an geführten Ausritten teil.

Der geführte Ausritt

Bei einem geführten Ausritt führt ein Kind dein Pferd am Zügel. Natürlich ist auch dein Reitlehrer dabei. Bei allen Ausritten musst du dich an folgende Regeln halten:

Ein geführter Ausritt macht großen Spaß.

- Halte immer eine Pferdelänge Abstand zu dem vorausgehenden Tier.
- Die Ersten und die Letzten in der Gruppe müssen Ausschau nach möglichen Gefahren halten. Der Erste warnt zum Beispiel laut: „Achtung, Fahrradfahrer!"
- Reitet niemals über Wiesen oder Felder. Nur Stoppelfelder bilden eine Ausnahme.
- Führt eure Pferde an der rechten Seite einer Straße. Zeigt den Autofahrern durch Handzeichen an, wenn ihr die Straße überqueren wollt.
- Geht immer als ganze Gruppe über eine Straße. Wenn ein Pferd von den anderen getrennt wird, bekommt es nämlich Angst und auch seine vierbeinigen Freunde werden dann hektisch.
- All diese Regeln gelten auch später, wenn du dein Pferd selbstständig reitest.

Alles, nur nicht langweilig!

Bei geführten Ausritten lernst du, wie sich ein Pferd in einer unbekannten Umgebung verhält. Es ist viel aufmerksamer als in der Reitbahn, wo es alles gut kennt. Spätestens, wenn ein fröhlich bellender Hund hinter euch her läuft oder ein lärmender Traktor auf euch zu tuckert, möchte es am liebsten die Flucht ergreifen. Dann ist es gut, dass jemand dein Pferd am Zügel führt. Gemeinsam werdet ihr die Lage bestimmt meistern.

Bei geführten Ausritten gibt es viel zu lernen.

REITEN OHNE SATTEL

Reitlehrer lassen ihre Schüler bei geführten Ausritten gern ohne Sattel reiten. So schult man sein Gleichgewicht noch besser und man kann die Bewegungen seines Pferdes deutlicher spüren.

Auch bei den geführten Ausritten ist Reitlehrerin Kristina immer dabei.

Eine Frage an Reitlehrerin Kristina:

Warum sind geführte Ausritte zum Reiten lernen wichtig?

„Gerade für Reitanfänger ist es gut, wenn sie nicht immer nur auf den Reitplätzen ihre Runden drehen. Denn im Gelände geht es die Hügel hinauf und hinunter, über grasbewachsene Pfade und große Steine. Dadurch schulen die jungen Reiter ihre Körperbeherrschung und ihr Gleichgewicht auf eine ganz andere Weise."

Angsthasen und Löwenherzen
Umgang mit Frust und Angst

Das Reiten gehört zu den am schwersten zu erlernenden Sportarten überhaupt, denn es ist nicht nur Training für deinen Körper. Es hilft dir auch, ein verantwortungsbewusster, mutiger Mensch zu werden.

Fünf wichtige Regeln

❀ Zu viel Ehrgeiz schadet nicht nur dir, sondern auch deinem Pferd.

❀ Gib niemals nur dem Pferd die Schuld, wenn etwas schief geht. Frage dich, was du selbst falsch gemacht hast, und mache es beim nächsten Mal besser.

❀ Versuche nicht, andere mit dem zu beeindrucken, was du schon kannst. Solche Versuche gehen nämlich fast immer nach hinten los.

❀ Beim Reiten lernen hat wirklich jeder manchmal das Gefühl, dass er überhaupt nicht mehr vorwärts kommt. Aber das stimmt nicht. Man braucht dann einfach mehr Zeit.

❀ Bleibe immer liebevoll und geduldig, nicht nur mit deinem Pferd, sondern auch mit dir selbst.

Habe Verständnis für dich und dein Pferd.

Fasse Vertrauen.

Die Angst – dein Freund?

Die Angst ist eigentlich dein Freund. Denn sie passt auf dich auf und lässt dich gut überlegen, ob du dich einer Aufgabe wirklich stellen willst. Wenn du aber zu oft vor deiner Angst davonläufst, bekommt sie mit der Zeit immer mehr Macht über dich. Dann wird sie zu deinem Feind. Darum muss jeder Mensch lernen, mit seiner Angst richtig umzugehen.

Umgang mit Angst

Dein Reitlehrer sagt dir, dass du zum ersten Mal den temperamentvollen Wallach „Lausbub" reiten sollst. Aber du hast Angst.

Du überlegst und dir wird klar: Mein Reitlehrer trägt viel Verantwortung. Wenn er mir dieses Pferd nicht zutrauen würde, hätte er es mir auch nicht angeboten. Darum entschließt du dich, die Herausforderung anzunehmen.

Leider gibt deine Angst trotzdem keine Ruhe. Darum: Denke darüber nach, wie du die Reitstunde sicherer machen kannst. Leih dir eine gut passende Sicherheitsweste oder frag einen fortgeschrittenen Reiter um Rat, weil er mit „Lausbub" gut zurechtkommt.

Ein gutes Beispiel für dein Pferd

Als guter „Leit-Mensch" musst du ruhig bleiben, wenn dein Pferd sich vor etwas fürchtet. Versuche, es auf das „schreckliche Ding" zuzutreiben. Wenn das nicht klappt, steigst du ab, hältst dein Pferd am Zügel und gehst furchtlos auf die „Gefahr" zu. Jetzt hat dein Pferd gute Chancen, seine Angst zu verlieren.

Ein bisschen weiter rechts wäre schlimmer gewesen.

Kein Anfänger mehr
Die Reitabzeichen

Bei der Deutschen Reiterlichen Vereinigung FN kannst du spannende Prüfungen machen. Diese Reitabzeichen beweisen, dass du kein „blutiger Anfänger" mehr bist.

Reitabzeichen 10 („Steckenpferd")

Um das Steckenpferd zu erwerben, musst du eine einfache theoretische Prüfung bestehen. In der praktischen Prüfung zeigst du, dass du an der Longe oder in der Gruppe mit und ohne Sattel im Schritt und Trab reiten kannst. Du beweist, dass du beim Aufzäumen und Satteln helfen und dein Pferd richtig putzen, führen und anbinden kannst.

Für das Steckenpferd musst du sicher an der Longe reiten.

Zum Kleinen Hufeisen gehört auch das Satteln.

Reitabzeichen 9 („Kleines Hufeisen")

Für das Kleine Hufeisen musst du eine theoretische Prüfung bestehen und zeigen, dass du in einer Gruppe im Schritt, Trab und Galopp reiten kannst. Außerdem beweist du, dass du dein Pferd putzen und satteln kannst. Du kennst das Verhalten von Pferden, die Grundlagen der Bodenarbeit und kannst es sicher führen.

Reitabzeichen 8

Beim Reitabzeichen 8 zeigst du, dass du auf dem Niveau der Dressurprüfungen für Einsteiger (Dressurprüfungen Klasse E) reiten kannst. Außerdem gilt es, zu Pferd eine Geschicklichkeitsaufgabe zu bewältigen, in der du auch über Stangen oder Cavaletti reiten musst.

Für das Reitabzeichen 8 musst du über Stangen reiten.

DIE BODENRICKS

Bodenricks sind kleine Hindernisse, deren Stangen fast auf dem Boden liegen. Man nennt sie auch Cavaletti (Einzahl: Cavaletto).

Reitabzeichen 7 („Großes Hufeisen")

Neben einer theoretischen Prüfung zeigst du beim großen Hufeisen, dass du dich mit dem Führen und Anbinden, der Pferdepflege und allen Sicherheitsmaßnahmen auskennst. Außerdem reitest du eine einfache Dressuraufgabe in der Gruppe, bei der es vielleicht auch über kleine Sprünge geht.

Abzeichen für Spitzenreiter

Erfahrene Reiter, aber auch Westernreiter, Voltigierer und Kutschfahrer, können bei der FN noch mehr Abzeichen machen. Diese sind sogar Pflicht, wenn man auf Turnieren starten möchte. Das Goldene Reitabzeichen ist dagegen eine große Ehre, denn man bekommt es für besondere Turniererfolge verliehen.

Auch ein kleiner Sprung gehört zum Großen Hufeisen.

Ein Riesenspaß zu Pferd
Die Reiterspiele

Ob du gerade mit dem Reiten anfängst oder schon ein guter Reiter bist – Reiterspiele sind für dich eine prima Möglichkeit, noch sicherer im Sattel zu werden.

Es war einmal ...

Noch vor etwa 100 Jahren waren Reiterspiele ein wichtiges Training für reitende Soldaten. In vielen Ländern sind sie noch heute eine beliebte Tradition: In Afghanistan oder Kasachstan balgen sich die Reiter beim Spiel Buzkashi um ein Ziegenfell. In Marokko reiten Menschen bei Fantasias in rasendem Galopp Schein-Angriffe. Sogar das berühmte Polo-Spiel war früher Training für den Krieg.

In Nepal sind Reiterspiele noch heute beliebt.

DIE MOUNTED GAMES

Bei den Mounted Games treten Teams aus vier Reitern und Pferden gegeneinander an. Die Reiter müssen zum Beispiel auf ihre galoppierenden Pferde springen, im Galopp Slalom reiten oder vomSattel aus Bälle aus Wassereimern fischen.

Beim „Kühefangen" ist Geschicklichkeit gefragt.

Kühe fangen

In der Reithalle kannst du mit anderen Reitschülern „Kühe fangen" spielen. Dazu baut ihr in der Mitte der Reitbahn aus Hindernisstangen ein Viereck. Das ist der „Kuhstall". Einige Kinder laufen als „ausgebrochene Kühe" wild durch die Reitbahn. Die anderen Kinder sitzen auf ihren Pferden. Sie versuchen, die „Kühe" zurück in den Stall zu bringen. Dazu reiten sie hinter den Kühen her und berühren sie vorsichtig mit der Gerte. Wenn ein Reiter eine Kuh mit seiner Gerte berührt, muss sie zurück in den Stall. Wer am Schluss die meisten Kühe eingefangen hat, ist Sieger.

Der Zauberer

Ein anderes Spiel für die Reithalle ist das Zauberer-Spiel. Ein Kind wird zum Zauberer bestimmt. Die anderen reiten mit ihren Pferden durch die Halle. Der Zauberer versucht zehn Minuten lang, so viele Reiter wie möglich mit seiner Gerte zu berühren. Alle, die er auf diese Weise „verzaubert" hat, müssen mit ihren Pferden stehen bleiben. Verzauberte Reiter können nur erlöst werden, wenn sie von einem anderen Reiter wieder mit der Gerte berührt werden. Am Schluss zählt ihr die „verzauberten" Reiter und der nächste Reiter wird zum Zauberer. Wer am Ende die meisten Reiter verzaubert hat, ist Sieger.

Der „Zauberer" wartet auf seinen Einsatz.

Der Höhepunkt des Reiterjahres
Das Hoffest

Beim Weihnachtsreiten, zu Fasching oder beim Sommerfest
führen Reitschüler oft tolle Schaunummern vor.

So schön kannst du dich
und dein Pferd für besondere
Auftritte herrichten.

Ein großer Tag

In den meisten Reitschulen ist das Hoffest ein
wichtiger Termin. Viele Menschen kommen zu
Besuch, um den Reitschülern beim Reiten zuzuse-
hen. Vorher wird fleißig geübt. Am Tag vor der
Aufführung versammeln sich alle Akteure, um den
Hof schön herzurichten, die Pferde hübsch zu
machen, und zur Generalprobe.

Beim Hoffest

Styling für das Pferd

Wenn es draußen warm ist, darfst du dein Pferd vielleicht „von Kopf bis Huf" einseifen und abwaschen. Hole dir dafür Hilfe bei erfahrenen Reitschülern und frage deinen Reitlehrer um Erlaubnis. Du kannst die Mähne deines Pferdes zu hübschen Zöpfen flechten. Wenn du bunte Bänder hinein bindest, sieht es besonders gut aus. Auch ein Pferdeschweif ist gewaschen und eingeflochten viel schöner. Bunte Bandagen an den Fesseln und vielleicht ein paar lustige Schmuckelemente runden das Bild ab.

Mit bunten Bändern kannst du die Mähne zu hübschen Zöpfen flechten.

Professionelle Pferde-Musicals können als Vorbild für Aufführungen dienen.

Nicht auszudenken, oder ...?

Was ist, wenn du vor den Augen der Zuschauer vom Pferd fällst? Das macht wirklich überhaupt nichts. So etwas passiert sogar professionellen Stuntmen! Falls dich trotzdem jemand auslacht, kannst du einfach erwidern: „Wer nie vom Pferd fällt, ist kein richtiger Reiter. Und wer kein richtiger Reiter ist, hat auf einem Hoffest nichts zu suchen!"

Die besondere Idee – ein Pferde-Musical

Ein Pferde-Musical macht besonders viel Spaß und lockt jede Menge Zuschauer an. In den Schaunummern erzählt ihr eine fortlaufende Geschichte zu passender Musik. Natürlich ist das viel Arbeit. Denn zunächst müsst ihr mit eurem Reitlehrer ein Drehbuch schreiben. Hier legt ihr fest, welche Szenen ihr auf dem Pferderücken vorspielt und welche Musik ihr dafür verwendet. Dann werden die Reitergruppen bestimmt, Kostüme gebastelt und es wird kräftig geprobt.

Der große Reitstall-Check
Wie du eine gute Reitschule findest

Eine gute Reitschule ist sehr wichtig.
Denn ein guter Reiter kannst du nur bei einem guten Reitlehrer
und auf zufriedenen Pferden werden.

Erfahrene Reiter helfen Anfängern gern beim Putzen.

Wo kannst du etwas lernen?

Sieh dir den Reitunterricht gemeinsam mit deinen Eltern genau an. Ein guter Reitlehrer bringt seinen Schülern nicht nur die Technik des Reitens bei, sondern auch jede Menge Wissen und ganz viel Verständnis für die Pferde.

Schreit der Reitlehrer seine Schüler an? Zwingt er sie zu Dingen, vor denen sie große Angst haben? Oder hockt er in der Reitstunde gelangweilt herum, weil ihn der Unterricht nicht interessiert? In diesen Fällen kannst du bei ihm nicht viel lernen.

In so fröhlicher Gesellschaft fühlt man sich sofort wohl.

Guter Reitunterricht

An einer Reitstunde sollten höchstens neun Schüler teilnehmen. Alle sollten ungefähr gleich viel können. In einer guten Reitschule gibt es auch Theoriestunden und Kurse, zum Beispiel zur Vorbereitung auf die Reitabzeichen oder zur Bodenarbeit. Oft helfen erfahrene Reitschüler Anfängern beim Putzen und Satteln.

Glückliche Pferde, sichere Reiter!

Nur gesunde und ausgeglichene Pferde können brav sein und gut auf dich aufpassen. Schaue dir darum die Pferde gründlich an. Glänzen ihre Augen? Sind sie ruhig und zufrieden, begrüßen sie auch euch fremde Besucher freundlich? Dann ist alles in Ordnung. Wenn die Tiere nervös, misstrauisch oder gleichgültig wirken, geht es ihnen nicht gut. Sind die Pferde so mager, dass ihre Rippen und die Hüftknochen herausstehen? Wirken einige krank? Werden manche geritten, obwohl sie humpeln? All dies sind keine guten Zeichen für den Reitstall.

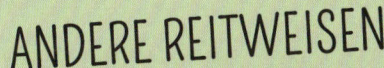

Nur glückliche Pferde können in der Reitstunde gut auf dich aufpassen.

ANDERE REITWEISEN

Du möchtest Western- oder Gangpferde reiten lernen, aber es gibt keinen passenden Reitstall in deiner Nähe? Dann fange in einem guten anderen Reitstall an. Die Grundlagen des Reitens sind nämlich überall gleich. „Umsatteln" kannst du später immer noch.

Viel Auslauf und frische Luft machen Pferde zufrieden.

Frische Luft tut gut

Glückliche Pferde sollten wenigstens einige Stunden lang freien Auslauf und Kontakt zu ihren Artgenossen haben und müssen nicht den ganzen Tag in einer engen Box leben. Außerdem brauchen sie in ihrem Stall genug Tageslicht und frische Luft. Die Box wird täglich ausgemistet und sie können jederzeit frisches Wasser trinken.
In einer guten Reitschule muss jedes Pferd vor der Reitstunde geputzt werden. Es hat eigenes Sattelzeug und eigene Putzsachen.

Mit Geduld, Liebe und Leckerli
Die Bodenarbeit

Bodenarbeit ist alles, was ein Mensch mit einem Pferd macht, ohne dass er auf seinen Rücken steigt. Die Bodenarbeit beginnt also schon beim Führen und endet mit tollen Kunststücken.

Alles Zirkus?

Bodenarbeit ist gut, um ...

❀ ein junges Pferd zu erziehen.

❀ ein neues Pferd besser kennen zu lernen.

❀ seinem Pferd die Angst vor einer bestimmten Sache zu nehmen.

❀ mit einem Pferd zu arbeiten, das nicht geritten werden darf.

Vingador verbeugt sich.

Sonja lässt Siourez seitwärts gehen.

Das Geheimnis des Erfolgs

Pferde „lesen" unsere Bewegungen wie wir Menschen eine Zeitung. Deshalb benutzt du bei der Bodenarbeit deine Bewegungen und Gesten ganz bewusst. Mit deiner Stimme kannst du diese Körpersprache noch unterstützen. Eine Gerte darfst du zu Hilfe nehmen. Aber auch hier dient sie dir nur als „verlängerter Arm", niemals zum Bestrafen. Erwarte nicht, dass dein Pferd eine Übung sofort beherrscht. Habe Geduld!

Ein einfaches Beispiel

Nutze das natürliche Verhalten deines Pferdes. Wenn du neben deinem Pferd vorsichtig mit der Gerte wackelst, geht es selbstverständlich zur Seite. Wenn du es jetzt lobst, weiß es, dass es alles richtig gemacht hat. Übe das Ganze noch ein paar Mal. Dann wird es bald schon zur Seite gehen, wenn du die Gerte neben ihm nur anhebst.

Bodenarbeit anwenden

Auf die Bodenarbeit musst du dich gut vorbereiten. Sonst versteht dich dein Pferd vielleicht nicht. Dann gehorcht es dir nicht oder es bekommt sogar Angst. Mache darum vorher einen Kurs in Bodenarbeit oder frage jemandem, der sich damit auskennt.

Drei Fragen an Sonja Wolz:

Warum hast du mit der Bodenarbeit angefangen?

„Als junges Pferd war Siourez sehr ungestüm. Da habe ich es mit Bodenarbeit versucht, um ihn besser zu erziehen."

Inzwischen ist Siourez sehr brav. Trotzdem machst du immer noch viel Bodenarbeit mit ihm. Warum?

„Ich habe schnell gemerkt, wie viel Spaß ihm das macht. Siourez möchte immer mitdenken und ist sehr klug, eben ein richtiges Bodenarbeitspferd."

Wie hast du es geschafft, dass er so begeistert mit dir zusammen arbeitet?

„Mit Geduld, Leckerli und ganz viel Liebe!"

Sonja und Siourez

Im Galopp über Stock und Stein
Richtig ausreiten

Nun kannst du schon gut reiten, hast geführte Ausritte mitgemacht und hast auch schon schwierige Pferde geritten. Darum ist es jetzt endlich soweit: Dein erster selbständiger Ausritt in der Gruppe beginnt.

Was für ein Abenteuer

Dein Ausritt wird durch Wald und Feld gehen, über Stock und Stein, sogar im Galopp. Von den geführten Ausritten weißt du ja schon, dass dein Pferd in freiem Gelände aufmerksamer ist als im Reitstall. Aber jetzt bist du allein für euch beide verantwortlich. Nun musst du wirklich der Anführer deines Pferdes sein.

Ausreiten ist ein tolles Erlebnis.

LEICHT GALOPPIEREN

Im Gelände sollst du am besten leicht galoppieren, denn das entlastet den Pferderücken. Dafür stellst du dich in die Steigbügel. Hebe deinen Po leicht aus dem Sattel und neige deinen Oberkörper mit geradem Rücken etwas nach vorne. Mit deinen Knie- und Hüftgelenken federst du den Schwung der Galoppsprünge ab.

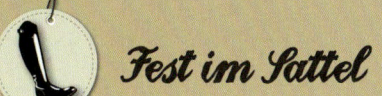

Im Gelände musst du gut Acht geben.

Gefahren im Gelände

Pferde hören oder riechen Dinge, von denen du selbst (noch) keine Ahnung hast. Dein Pferd kann sich jederzeit erschrecken und einen großen Satz machen. Halte dich ständig im Sattel fest, indem du Knie und Oberschenkel leicht an den Pferdebauch drückst. Habe deine Angst im Griff, wenn dein Pferd plötzlich erschrocken reagiert. Nur dann gibst du ihm genug Sicherheit, um seine Furcht zu überwinden.

Ein Ausritt in der Gruppe macht Spaß.

Hinter der übernächsten Kurve kommt ein Traktor.

Da ist doch nichts.

Tipps für das Reiten im Gelände

🌼 Nähere dich Fahrradfahrern oder Fußgängern immer im Schritt. Begrüße sie frühzeitig. Die meisten werden dir freundlich antworten und dein Pferd fühlt sich sofort sicherer.

🌼 Vorsicht vor herabhängenden Ästen, besonders im Galopp.

🌼 Behalte immer den Boden im Auge. So entdeckst du früh genug Löcher oder Gegenstände, über die dein Pferd stolpern könnte.

🌼 Wenn du in der Gruppe ausreitest, überhole andere Reiter nicht. Sonst läufst du Gefahr, dass die Pferde ein unkontrolliertes, gefährliches Wettrennen anfangen.

Pferde, Siege, Ehrenpreise
Reitturniere

An einem Reitturnier teilnehmen und eine Preisschleife gewinnen ...
Träumst auch du davon? Vielleicht wird dein Traum ja eines
Tages Wirklichkeit.

Zwei Fragen an Christina Latz:

Warum reitest du mit deinem Warmblut-Wallach Charmeur Turniere?

„Weil ich als Reiterin immer besser werden will. Die Turniere bringen mich dazu, ständig an mir zu arbeiten. Und sie machen mir Spaß. Preise sind natürlich auch eine tolle Sache. Aber sie sind für mich eher zweitrangig."

Hast du einen Tipp für Kinder, die Turniere reiten wollen?

„Aber ja: Gewinnen ist nicht alles. Setzt euch nicht zu sehr unter Druck. Ich bin auf zwanzig Turnieren gestartet, bevor ich meinen ersten Wettbewerb gewonnen habe."

Christina und Charmeur

Die Führzügelklasse

Für ganz junge Reiter gibt es die Führzügel-Wettbewerbe. Dabei reitest du auf einem besonders schön herausgeputzten Pferd, das im Schritt und Trab von einem älteren Reiter geführt wird. Du sollst den Turnierrichtern zeigen, dass du schon sicher im Sattel sitzt.

VIELSEITIGKEITSPRÜFUNGEN

Diese Prüfungen sind eine Kombination aus Dressuraufgaben, einem Springwettbewerb und einem Geländeritt, bei dem Reiter und Pferde unter Zeitdruck über eine Geländestrecke jagen und Hindernisse überwinden.

Bei einer Dressurprüfung ist Konzentration gefragt.

Die Reiterwettbewerbe

Reiterwettbewerbe sind kleine Dressurprüfungen, in denen du nach den Kommandos reitest, die dir die Turnierrichter geben. Vielleicht musst du auch einige Sprünge überwinden. Die Richter prüfen deinen Sitz und deine Verständigung mit dem Pferd.

Solche Hindernisse sind nur etwas für Könner.

Turnierwettbewerbe

Bei den Dressurprüfungen kannst du mit deinem Pferd euer Können in Dressurlektionen zeigen. In den Springwettbewerben musst du mit deinem Pferd Hindernisse in einer bestimmten Reihenfolge, dem Parcours, überspringen. Wie in den Dressurprüfungen beginnen auch beim Springen die Wettbewerbe mit der Klasse E für „Einsteiger".

Nur Fliegen ist schöner
Gangpferde reiten

Wahrscheinlich haben früher alle Pferde neben Schritt, Trab und Galopp auch noch andere Gangarten beherrscht. Mit „Gangpferden" konnten Reisende lange Strecken zügig und bequem zurücklegen.

Der Tölt

Eigentlich ist der Tölt die schnell gelaufene Gangart Schritt. Im Tölt ist ein Reiter also flott unterwegs, aber er wird nicht durchgerüttelt. Was für ein tolles Gefühl. Töltende Pferde leben auf allen Kontinenten. Darum gibt es von dieser Gangart verschiedene Formen mit zahlreichen Namen: Es gibt zum Beispiel das isländische Wort Tölt, aber auch die Bezeichnungen Rack und Walk in Nordamerika oder Marcha in Südamerika.

Islandpferde sind oft schnelle Pass-Läufer.

Der Pass

Im Pass setzt ein Pferd beide Beine der gleichen Körperseite zur gleichen Zeit auf den Boden. Dabei wiegt es seinen Reiter sanft hin und her. Islandpferde erreichen bei Passrennen mit einem Reiter bis zu 45 Kilometer pro Stunde. In Nordamerika laufen die Pferde bei Passrennen vor dem Wagen sogar schneller als ihre trabenden Artgenossen. Leider gibt es auch den schlechten Passgang: Wenn ein Pferd falsch geritten wird, gerät es unter dem Reiter aus dem Gleichgewicht. Dann fällt es aus Not in den Pass.

Reiter im Tölt

Fußfolge Pass

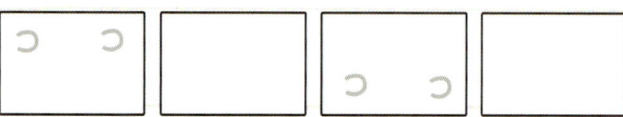

Superpferde aus aller Herren Länder

Islandpferde stammen von der Insel Island, die zwischen Norwegen und Grönland liegt. Die robusten Ponys werden meistens über 30 Jahre alt. Mit einem Stockmaß von 130 bis 150 cm sind sie recht klein, aber trotzdem so stark, dass sie mühelos schwere Erwachsene tragen.

Tölt-Iberer heißen alle töltenden Pferderassen, die ursprünglich aus Spanien oder Portugal stammen. Die Pasos aus Südamerika gehören ebenso dazu wie viele portugiesische und spanische Pferde. Diese können nämlich oft tölten, obwohl ihre Reiter das noch gar nicht bemerkt haben.

Töltende Traber: Auch viele Trabrenn-Pferde sind gute Tölter. Sie werden vor allem in Deutschland gezielt als Gangpferde gezüchtet.

Islandpferde sind sehr robust.

Ein Tölt-Iberer aus Südamerika

Zwei Fragen an Stephan Wolfstädter, Teamchef der deutschen Nationalmannschaft bei der Islandpferde-WM 2013:

Warum tölten Islandpferde oft mit erhobenem Kopf? Das sieht fast so aus, als würden sie eine Schonhaltung einnehmen, die für ein Pferd nicht gesund ist.

„Weil sie oft einen sehr muskulösen, dicken Hals haben, geht es gar nicht anders. Trotzdem tölten auch gut gerittene Isländer entspannt und mit gewölbtem Rücken, so dass sie ihre Reiter gut tragen können."

Welche besonderen Fähigkeiten braucht man, um Gangpferde zu reiten?

„Man muss besonders gut fühlen, wie sein Pferd sich bewegt. Nur dann kann man im richtigen Moment die passenden Hilfen geben."

Reiten wie die Cowboys
Das Westernreiten

Auf dem Rücken eines Pferdes in den Sonnenuntergang reiten,
mit einem Lasso in der Hand ... Auch davon träumen viele Reiter.
Doch das wirkliche Leben der Cowboys ist leider nicht so romantisch.

Ein Cowboy auf
seinem Pferd

Wie Cowboys reiten

Weil ein Cowboy oft mit dem Lasso arbeitet, hält er
die Zügel nur in einer Hand. Sein Pferd hat gelernt,
auf kurze, präzise Kommandos zu reagieren. Es
führt einen Befehl so lange selbständig aus, bis
sein Reiter ihm ein neues Kommando gibt. Ein
Westernreiter legt zum Beispiel nur kurz die
Schenkel an und sein Pferd wird schneller. Dann
nimmt er seine Beine wieder weg, aber sein Pferd
läuft im gleichen Tempo weiter. Dein Pferd in der
Reitschule würde sofort langsamer werden.

Wie echte Cowboys leben

Für einen richtigen Cowboy ist das Reiten
kein Sport, sondern harte Arbeit. Er hütet
nämlich große Rinderherden, und dafür
sitzt er bis zu 16 Stunden am Tag im
Sattel. Sein Pferd und er müssen mit
möglichst wenig Anstrengung möglichst
viel schaffen. Das erklärt viele
Unterschiede zwischen
den Reitweisen.

Westernpferde gehen mit gesenktem Kopf.

Wie Westernpferde ihre Reiter tragen

Die Körperhaltung der Westernpferde schont ihre Kräfte. Sie gehen entspannt mit gesenktem Kopf am langen Zügel, aber ihr Rücken ist gewölbt und ihre Hinterbeine treten weit unter den Körper.

Die Westernturniere

Im Westernreiten gibt es viele verschiedene Turnierdisziplinen. Besonders spektakulär ist das „Reining", eine Dressurprüfung im Galopp. Dabei müssen Reiter und Pferd Aufgaben wie „Spins" (schnelle Drehungen auf den Hinterbeinen) oder „Sliding stops" (plötzliches Anhalten) erfüllen.

Ein Reiter beim Sliding stop

Ein Appaloosa ist ein typisches Westernpferd.

Westernpferde

Pferde, die Kühe hüten, müssen besonders ruhig und gelassen sein. Sie sind aber auch geschickt. Mit höchstens 160 cm Stockmaß sind sie eher klein, aber trotzdem stark. Sie haben einen kurzen Rücken und eine runde, muskelbepackte Kruppe. Die bekanntesten Westernpferde-Rassen sind die Quarter Horses und die Appaloosas.

Anders als erwartet
Der Traum vom eigenen Pferd

Ein eigenes Pferd, ein vierbeiniger Freund fürs Leben ...
Ist das auch dein größter Wunsch? Die Freundschaft zu einem eigenen
Pferd ist wirklich eine der wunderbarsten Erfahrungen,
die man als Reiter machen kann.

Eine riesengroße Aufgabe

Ein eigenes Pferd ist nicht nur sehr teuer, sondern auch eine große Verantwortung. Denn du musst dich darum kümmern, dass es ihm gut geht. Bevor du ernsthaft über ein eigenes Pferd nachdenkst, solltest du mindestens vierzehn Jahre alt sein und wenigstens zwei Jahre Reitunterricht gehabt haben.

Paulina und Mariachi.

Drei Fragen an Paulina Haydn, 16 Jahre:

Dir gehört Mariachi. Wie war es für dich, endlich ein eigenes Pferd zu haben?

„Das war ganz anders, als ich erwartet hatte. Vorher habe ich geglaubt, dass ich mit einem eigenen Pferd endlich alles machen kann, was ich will. Aber als Mariachi bei mir war, habe ich mich nur noch gefragt, ob das, was ich tue, auch für ihn gut ist. Außerdem war Mari anfangs schwierig. Wir beide haben Monate gebraucht, bis wir gut miteinander zurecht kamen."

Und wie ist es heute?

„Jetzt fühle ich mich sehr wohl mit ihm. Dennoch habe ich an manchen Tagen wenig Zeit oder keine Lust zum Reiten. Dann fahre ich trotzdem in den Stall."

Warum hast du Mariachi nicht wieder verkauft?

„Weil es mit ihm wunderschön ist. Und weil ich ihn sehr, sehr lieb habe."

Julia hat eine Reitbeteiligung an Mariachi.

Zwei Fragen an Julia Kühhirt, 17 Jahre:

Du hast eine Reitbeteiligung an Mariachi. Warum gehört dir kein eigenes Pferd?

„Weil ich dafür leider keine Zeit habe. Außerdem würden mir meine Eltern kein eigenes Pferd finanzieren."

Wie ist es, eine Reitbeteiligung zu haben?

„Oh, das ist prima! Mariachi und ich haben großes Vertrauen zueinander. Und er zeigt mir immer wieder, dass er mich mag."

Die Reitbeteiligung

Wenn du ein sicherer Reiter bist, kannst du es mit einer Reitbeteiligung versuchen. So kannst du ausprobieren, wie es ist, wenn man die Verantwortung für ein Pferd trägt. Bei einer Reitbeteiligung vereinbarst du mit dem Pferdebesitzer eine genaue Absprache oder einen schriftlichen Vertrag. Danach zahlst du ihm jeden Monat einen Geldbetrag, in der Regel 50 bis 70 Euro. Dafür hast du nicht nur das Recht, sondern sogar die Pflicht, sein Pferd an bestimmten Tagen zu putzen und zu reiten.

Ich mach aber auch viel Arbeit.

Endlich ein eigenes Pferd.

Worterklärungen

Abzeichen heißt eine Stelle am Kopf oder Bein eines Pferdes, die meistens weiß und in jedem Fall anders gefärbt ist als sein Fell.

Angaloppieren nennt man den Moment, in dem ein Pferd mit dem Galoppieren anfängt. Ein Reiter kann sein Pferd durch gezielte Hilfen zum Angaloppieren auffordern.

Cavaletti (Einzahl: Cavaletto) sind niedrige Hindernisse, deren Stangen fast auf dem Boden liegen.

Dressurreiten fördert durch Gymnastikübungen die natürlichen Talente eines Pferdes. Ziel ist ein gesundes, gut zu reitendes und gerne arbeitendes Pferd.

Einstreu sind Materialien wie Stroh oder Sägespäne, die sich als Fußboden und Schlaflager in einem Tierstall eignen.

Gangarten sind die verschiedenen Möglichkeiten, die ein Pferd beim Laufen hat. Alle Pferde beherrschen Schritt, Trab und Galopp.

Halbesel oder „Asiatische Esel" sind Einhufer, die den Afrikanischen Eseln ähneln. Sie haben aber auch viele Merkmale von Pferden.

Hand bezeichnet in der Reitersprache die Körperseite eines Pferdes. Wenn ein Pferd in der Reitbahn die Seiten wechselt, macht es einen „Handwechsel".

Hilfen heißen alle Möglichkeiten, mit denen sich ein Reiter mit seinem Pferd verständigen kann. Es gibt Gewichts-, Schenkel-, Stimm- und Zügelhilfen.

Hoden sind bei vielen männlichen Tieren die Geschlechtsorgane. Sie produzieren die Samenfäden und den Botenstoff Testosteron, der die Hengste so schwierig macht.

Hufnagel heißen die schmalen, vier bis acht Zentimeter langen Nägel, mit denen der Hufschmied das Hufeisen am Pferdehuf befestigt.

Hufschlag ist die Bezeichnung für einen ausgetretenen Pfad. Er bildet sich rund um die Reitbahn, weil die Pferde oft dort entlang gehen.

Iberer nennt man Pferde, die von der „Iberischen Halbinsel", nämlich aus den Staaten Spanien und Portugal stammen.

Konsequent bedeutet „folgerichtig". Ein Reiter ist seinem Pferd gegenüber konsequent, wenn er seinen Ungehorsam zuverlässig bestraft und es genauso zuverlässig belohnt und versorgt.

Lasso heißt ein langes Seil zum Einfangen von Tieren. Dieses Seil hat am Ende eine Schlinge, die sich von selbst zuziehen kann.

Lebenszyklus bedeutet „Kreislauf des Lebens", also den Verlauf eines Pferdelebens vom Fohlen bis zum Pferdegreis.

Linke Hand Ein Pferd geht auf seiner „linken Hand", wenn seine linke Körperseite in die Mitte der Reitbahn zeigt.

Longe nennt man eine lange Leine, an der ein Pferd in der Longenstunde oder beim Voltigieren um den Longenführer herum läuft.

Longenführer Der Longenführer stehen in der Mitte des Longierzirkels. Er gibt dem Pferd durch Stimme, Longierpeitsche und leichtes Ziehen an der Longe Kommandos.

Mistgabel heißt ein ca. 1,70 Meter langes Arbeitsgerät mit langem Stiel und vier oder fünf dünnen Zinken aus Metall mit dem man beispielsweise die Pferdebox ausmistet.

Mounted Games ist ein englisches Wort, das „Spiele zu Pferd" bedeutet. Es gibt 26 verschiedene Wettbewerbe. Jährlich werden Mannschafts-Weltmeisterschaften durchgeführt.

Nüstern nennt man bei Pferden die Nasenlöcher. Sie sind besonders beweglich und lassen sich weit aufblähen, aber auch fest zusammenkneifen.

Olympische Spiele heißen heute die alle vier Jahre ausgetragenen Wettkämpfe von Sportlern aus der ganzen Welt. Auch Dressurreiten, Springreiten und Vielseitigkeit gehören dazu.

Organ nennt man alle Körperteile, die eine besondere Funktion haben. Das Gehirn ist darum ebenso ein Organ wie der Magen oder das Auge.

Panik bezeichnet eine besonders große Angst bei Menschen und Tieren. Sie schränkt das klare Denken ein, so dass man „in Panik" nur noch weglaufen will.

Rasse ist die Bezeichnung für eine Unterart bei Tieren. Bei Pferden werden viele dieser Rassen gezielt vom Menschen gezüchtet.

Rechte Hand Wenn die rechte Körperseite des Pferdes zur Mitte der Reitbahn zeigt, geht es auf seiner „rechten Hand".

Respekt bedeutet „Aufmerksamkeit" und „Wertschätzung". Pferde sollen Respekt gegenüber ihrem Reiter empfinden. Aber auch die Menschen sollen ihre Pferde respektieren.

Rückenwirbel heißen die Knochen der Wirbelsäule. Pferde haben normalerweise 36 Rückenwirbel und zusätzlich 16 bis 18 Wirbel im Schweif.

Schweif ist die Bezeichnung für den mit buschigen, langen Haaren besetzten Schwanz von Pferden und anderen Tieren.

Sperrriemen verhindern, dass Pferde bei harten Zügelhilfen ihre Mäuler aufreißen. Außerdem geben sie den Trensengebissen einen festeren Halt im Pferdemaul.

Theoriestunden heißen Unterrichtsstunden, in denen der Lehrer seinen Schülern Wissen vermittelt, sie aber nichts durch ihr eigenes Tun üben lässt.

Turnierdisziplin ist ein Ausdruck für eine bestimmte Prüfung, die auf einem (Reit-)Turnier stattfindet.

Verantwortung trägt ein Mensch gegenüber einem Pferd, wenn er dafür sorgen muss, dass es diesem Pferd immer gut geht.

Versammlung heißt die gesunde Haltung, in der Pferde ihre Reiter tragen sollen: In der Versammlung wölben Pferde ihren Rücken und ihre Hinterbeine treten weit unter den Körper.

Voltigieren bedeutet Turnübungen auf dem Pferderücken wie Knien oder Stehen. Man kann sie im Schritt, Trab oder Galopp durchführen.

Register

A

Abzeichen (Fell)   26, 27
Augen   10, 13, 15, 34
Ausritt   64, 65, 78, 79

B

Bürste   34, 35

C

Cavaletti   69
Chaps   50, 51

D

Dressur   24, 25

E

Einhufer   23
Einstreu   41

F

Fellfarben   21, 26, 27
Flehmen   15
Fohlen   16, 26, 28

G

Galopp   25, 53, 55, 57, 78, 79
Gangarten   24, 25, 82, 83
Gerte   54, 59, 71, 76, 77
Gnadenbrot   29
Gras, Heu   43, 44, 45

H

Halfter   32, 38, 39
Hengst, Leithengst   17
Herde   15, 16, 17
Hilfen   58, 59
Hufe   35, 48, 49
Hufschlag   60, 61, 62, 63
Hufschmied   48, 49

K

Kaltblut   21
Kleben   18
Kolik   46
Kommando   9, 18, 51, 56, 61, 62, 63, 84
Kraftfutter   45, 46
Kreuzverschlag   47

L

Leckerli   9, 19, 44, 76, 77
„Leit-Mensch"   18, 19, 67
Longe   19, 52, 54, 68

M

Mauke   47

N

Nüstern   10, 12, 13, 14, 34

O

Ohren   10, 12, 13, 14

P

Paddock   42
Parcours   81
Pferdeäpfel   14, 41
Pferdebox   40, 41
Pferderassen   20, 21, 26
Pferde-Zahnarzt   36
Pony   21, 26, 30, 31, 83
Putzgeräte   34, 35

R

Reitabzeichen   68, 69
Reitbeteiligung   87
Reithandschuhe   50
Reithelm   50
Reithose   50, 51
Reitplatz, Reithalle   56, 60, 61, 62, 71
Reitschule   71, 72, 73, 74, 75
Reitstiefel   50, 51
Reitturnier   80, 81
Reitunterricht, Reitstunde   9, 18, 19, 52, 56, 57, 60, 61, 74, 75

S

Sattel   36, 37, 52, 53, 68
Schritt   24, 54, 57, 68
Schwamm   34
Schweif   11
Sicherheitsweste   50
Sporen   51
Steigbügel   36, 37, 52, 53
Steigen   12
Stockmaß   20, 21
Striegel   34
Stute   16, 17

T

Trab   24, 52, 54, 68, 81, 83
Tierarzt   46, 47
Trense   38, 39

V

Vollblut   20, 21, 26
Voltigieren   54, 55

W

Wallach   17
Warmblut   20, 26
Weide   42, 43
Westernreiten   84, 85

Z

Zügel   38, 39, 56, 57, 59, 64

Bildverzeichnis

Abkürzungen: Oben (o); unten (u); links (l); rechts (r); mitte (m)

Fotos: Angela Waidmann

Alexander Habermehl: 10 u., 34, 37 o. und m., 42 u., 60 o., 66, 67, 75 o.

Prof. Dr. H. G. Hüttel: 31 u.r.

Dr Ernst Pohl: 70 o.

Hans Roth: 25 o., 26 o., 31 m.

Guido Waidmann: 16 u., 17 o. und u., 20 u.l., 21 o., 23 o., 28 u., 30 o., 31 u.l., 44 o., 73 u., 81 u., 83 u., 84, 85 o.

Nils Waidmann: 32, 59 o.

Sonja Wolz: 72

Fotolia: anakondasp: 20 u.r.; Nadine Haase: 26 u., 78 o., 79 o.; acceptfoto: 27 o.; Alexia Kruscheva: 30 u.l.; redforest: 30f. (Weltkarte); Ralf Gosch: 31 o.; chelle129: 46 u.; photo 5000: 62 u.; Petair: 79 u.; Cornelia Pretzsch: 81 o.; Franziska Reichelt: 82 o.; Wolfi30: 83 o.; PROMA: 85 r.; jeanma85: 85 u.

Thinkstockphoto: Coverfoto: Jupiterimages; Blümchen / Spitze / Wiese / gelbe Blume (als Dekoelemente): Marina-Gl; Pferdeutensilien (Bürste, Hufeisen, Kappe, Mohrrübe, Stiefel): larisa_zorina; Anhänger für die Utensilien: cienpies; schwarze Pferdesilhouette: Goran Stojanovic

Wikimedia Commons: Clément Bucco-Lechat / CC BY-SA 3.0: 70; Dagur Brynjólfsson / CC BY-SA 2.0: 82 u.

Bibliografische Information der Deutschen Nationalbibliothek:
Die Deutsche Nationalbibliothek verzeichnet diese Publikation in der Deutschen Nationalbibliografie. Detaillierte bibliografische Daten sind im Internet über **http://dnb.d-nb.de** abrufbar.

3 2 1   17 16 15
© 2015 Ravensburger Buchverlag Otto Maier GmbH,
Postfach 1860, 88188 Ravensburg

Text: Angela Waidmann
Illustrationen: Nadine Jessler
Umschlag und Innenlayout: Maria Seidel
Satz: Katrin Kleinschrot

ISBN 978-3-473-55385-3

www.ravensburger.de